맛있게 읽는 독서요리

II

맛있게 읽는 독서요리 II - 2단계

초판 1쇄 발행 ｜ 2011년 6월 18일
초판 2쇄 발행 ｜ 2016년 4월 11일

엮   음 ｜ (사)전국독서새물결모임
펴 낸 이 ｜ 정봉선   **기   획** ｜ 박찬익
편집 및 표지 ｜ 신현아
펴 낸 곳 ｜ 정인출판사

출판등록 ｜ 1999년 11월 20일   제303-1999-000058호

주   소 ｜ 02589 서울시 동대문구 천호대로 16가길 4
전   화 ｜ 02) 922-1334
팩   스 ｜ 02) 925-1334

Home page : http://www.junginbook.com
E-mail : junginbook@naver.com

ISBN 978-89-94273-35-8 (64370)
       978-89-94273-33-4 (세트)

＊책 값은 표지 뒷면에 있습니다.

맛있게 읽는 독서요리

II   ② 단계

(사)전국독서새물결모임

정인출판사

"엄마, 배고파요."

평소에 여러분이 어머니께 가장 많이 건네는 말이 바로 이 말이 아닐까요? 우리는 하루도 밥 없이는 살 수가 없습니다. 어머니께서 정성을 다해 차려내신 밥상을 대하면 먹기도 전에 침이 꿀꺽 고이고 코가 벌름벌름해지며 수저의 손놀림이 빨라집니다. 우리는 날마다 그런 밥을 먹으며 건강하고 행복하게 자라나는 것입니다.

어머니께서 차려주시는 밥상이 우리의 몸을 튼튼하게 한다면 우리가 읽는 좋은 책은 정신을 풍요롭게 해준다고 할 수 있습니다. 그런데 안타깝게도 우리의 현실은 좋은 책을 읽고 나서 깊이 생각하고, 함께 이야기를 나누며, 나의 생각을 글로 써볼 만한 시간을 주지 않고 있습니다. 아침부터 밤까지 학교 공부와 학원 공부, 또는 과외 공부에 시달리다 보면 어깨에 멘 책가방의 무게는 우리의 마음을 짓누르기 일쑤입니다.

이렇게 우리의 마음을 짓누르는 책가방 속의 책에서 잠시 벗어나 행복한 책 읽기를 해 볼까요? 책을 읽고 나서 어떤 맛인지 느껴보고, 그 맛을 친구들과 함께 나누며, 내 손으로 직접 요리를 하듯 나의 생각을 글로 써서 다른 사람에게 맛을 보도록 하는 것은 어떨까요? 책을 읽고 깊이 생각한 후 아이들과 토론을 하고, 내 생각을 한 편의 글로 써

보는 과정을 겪으면서 여러분의 정신은 한결 성숙해질 것입니다.

이 책은 오랜 기간 교육 현장에서 독서지도를 한 선생님들이 정성을 들여 만든 또 하나의 요리라고 할 수 있습니다. 어머니께서 가족을 위해 신선하고 영양가 높은 재료를 준비해 정성을 기울여 음식을 만들 듯, 좋은 책을 골라서 정독한 후 책 속에서 얻을 수 있는 영양분을 최대한 섭취할 수 있도록 만들었습니다. 따라서 이 책을 하나의 학습교재로 생각하지 말고 요리를 대하듯 즐거운 마음으로 책상에 앉아 스스로 즐기도록 하세요. 여러분 스스로 음식을 만들어 먹듯, 책을 읽고 문제를 해결할 수 있는 능력이 있다는 것을 믿고, 선생님이나 부모님께는 최소한의 도움만을 받기 바랍니다.

배가 고픈 아이들에게 어머니의 밥상이 보약이 되듯, 이 책이 아이들에게 세상을 바로 보고, 아름다운 소리에 귀를 기울이며, 올곧은 행동을 할 수 있는 마음의 양분 역할을 하였으면 하는 바람입니다. 부족함이 많이 있더라도 이 책을 사용하시는 부모님이나 선생님들의 열정으로 그 부족함을 채워간다면 반드시 좋은 요리를 직접 해서 먹었을 때의 포만감과 뿌듯함을 마음으로 느낄 것입니다.

집필자 대표 임영규

맛있게 읽는 독서요리 차림표
- 이 책의 짜임새 -

미리 맛보기, 마음을 열어요

대상 도서가 어떤 맛인지 살짝 맛보는 단계입니다. 도서의 내용과 관련된 읽을거리를 읽고, 자신의 경험 또는 배경지식을 묻는 문제 등을 해결하게 됩니다. 이런 문제를 해결하다 보면 대상 도서에 대한 호기심이 커지고, 좀 더 폭넓은 시야도 갖게 됩니다.

차근차근 맛보기, 내용을 이해해요

대상 도서의 내용을 중심으로 문제를 구성했습니다. 도서를 꼼꼼히 읽고 내용을 잘 이해했는지 물어봅니다. 이 과정을 통해 읽은 내용을 잘 정리하여 글로 표현할 줄 알고, 도서를 정독하는 습관을 갖게 되며, 책 읽기에 대한 흥미가 높아짐으로써 집중력이 길러집니다.

다양한 맛 즐기기, 넓고 깊게 생각해요

대상 도서의 내용을 좀 더 심화 확장하여 이해하는 단계입니다. 도서의 내용을 바탕으로 상상이나 추론, 분석을 할 수 있는 문제를 해결하게 됩니다. 이러한 문제를 해결함으로써 글의 내용을 단순히 이해하는 단계를 뛰어넘어 깊고 넓은 창의적 사고력을 갖출 수 있습니다.

함께 맛 나누기, 독서토론을 해요

책을 읽고 토의와 토론을 할 수 있는 문제로 구성하였습니다. 한쪽 입장을 선택하여 다양한 근거를 설정하거나, 문제점에 대한 해결 방안 및 대안을 마련하는 과정을 통하여 비판력과 문제해결력, 창의력 등을 기를 수 있습니다. 또 친구들과 함께 토론을 함으로써 말하기 실력도 쌓을 수 있습니다.

요리하는 재미, 글쓰기를 해요

도서의 기본 내용 이해 및 넓고 깊게 생각하기, 토의 토론하기 등 지금까지 했던 활동을 바탕으로 글쓰기를 하는 단계입니다. 편지글, 주장글, 생활글 등 다양한 글을 써 봄으로써 생각을 가다듬는 훈련을 하고, 쉽고 재미있게 글쓰기 활동을 할 수 있습니다.

맛있는 후식, 알차게 마무리해요

책을 읽고 여러 가지 활동을 하느라 힘이 들기도 했지만, 한 단계씩 해결하면서 보람과 즐거움을 느꼈을 것입니다. 후식을 즐기는 가벼운 마음으로 읽고 넘어가거나 간단한 퀴즈를 해결하다 보면 뿌듯함이 더할 것입니다.

차례

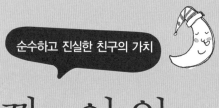

순수하고 진실한 친구의 가치

꺼벙이 억수

윤수천 글 | 원유미 그림 | 좋은책어린이

관련 교과

국어 2학년 2학기   6. 하고 싶은 말 | 이야기 속 인물이 되어 하고 싶은 말을 조리있게 하기

바른생활 2학년 1학기   5. 함께 사는 우리 | ⑵ 다른 사람 배려하기

관련 매체

도서   까막눈 삼디기 • 원유순 | 웅진주니어

         가방 들어주는 아이 • 고정욱 | 사계절

어떻게 읽을까요?

1 억수가 남에게 베풀었던 착한 행동은 무엇인지 알아보며 읽어요.

2 재미있고 감동적인 부분을 생각하며 읽어요.

3 꺼벙이 억수라는 별명이 붙여진 까닭을 생각하며 읽어요.

어떤 내용일까요?

억수는 왜 꺼벙이라는 별명이 붙었을까요?

낡은 옷에 행동도 어리숙해서 친구들이 꺼벙이라고 불렀기 때문입니다. 이 책은 초등학교에 입학한 찬호의 눈을 통해 본 꺼벙이 억수에 대한 이야기입니다. 항상 싸구려 옷만 입고 바보 같아 보이는 억수를 찬호는 아주 싫어하지만, 친구들은 모두들 좋아합니다. 찬호는 그런 친구들을 이해할 수가 없었지요.

어느 날 학급회의에서 한 달에 한 번 착한 일을 많이 한 친구에게 주는 학급별을 뽑기로 했습니다. 찬호는 학급별에 뽑히기 위해 그 때부터 열심히 착한 일을 하기 시작합니다.

학급별 선정 투표날, 찬호와 억수는 아슬아슬한 경쟁을 벌입니다. 결국 억수가 학급별로 뽑히게 되고, 친구들에게서 억수가 뽑힌 이유를 들은 찬호는 억수에 대해 다시 생각하게 됩니다. 순수하고 진실한 억수의 마음을 알게 된 찬호는 진심으로 억수를 축하해주며 힘껏 박수를 칩니다.

1 다음은 이 책의 주인공 억수의 모습입니다. 억수는 어떤 아이일까요? 떠오르는 생각을 써 보세요.

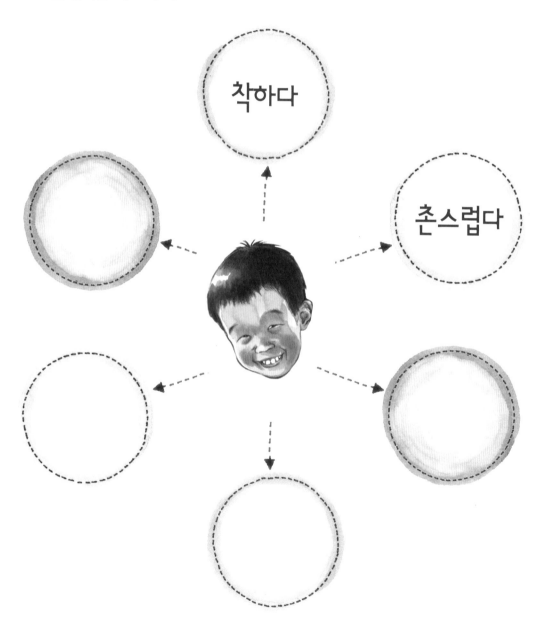

착하다

촌스럽다

2 나의 별명은 무엇인가요? 그 별명을 얻게 된 이유도 함께 적어 보세요.

⭐ 나의 별명 :

⭐ 별명을 얻게 된 이유 :

⭐ 그 별명에 대한 내 생각 :

3 친구들 별명 중 가장 기억에 남는 별명을 적어 보세요. 그리고 그 별명 중 부러운 별명이 있다면 하나를 골라 그 이유가 무엇인지 써 보세요.

⭐ 내 별명이었으면 하는 것 :

⭐ 그 이유 :

1 이야기의 흐름이 자연스럽도록 순서대로 늘어놓아 보세요.

① 고은이 생일 잔치에 초대받은 찬호는 예쁜 크레파스를 준비하였다. 그러나 억수는 빈 손으로 와서 고은이를 위해 노래를 불러 주었다.

② 반에서 학급별을 뽑기로 하였다.

③ 비가 와서 물이 괸 웅덩이가 많았다. 그 때 트럭이 고은이를 향해 세차게 달려오고 있었는데 억수가 고은이를 대신해 흙탕물을 뒤집어 쓰게 되었다.

④ 찬호는 샛별 초등학교에 입학해서 고은이와 같은 반이 되어 너무 기뻤지만 꺼벙이처럼 보이는 억수와 같은 반이 된 것은 마음에 들지 않았다.

⑤ 찬호는 그 날부터 교실 바닥에 휴지가 떨어져 있으면 얼른 주워 휴지통에 넣고, 책상 줄도 반듯하게 맞추며 착한 일을 많이 하기 시작했다.

⑥ 학급별 투표를 하는 날! 찬호와 억수는 엎치락뒤치락 했지만 결국 억수가 학급별이 되었다. 친구들이 억수를 뽑은 이유를 듣고 찬호도 당연한 일이라고 생각하며 억수에게 박수를 쳐 주었다.

➡ ④ ⋯➡ ① ⋯➡   ⋯➡   ⋯➡   ⋯➡

2 억수를 꺼벙이라고 부른 이유는 무엇인가요?

☆

3 학급별은 어떻게 뽑나요?

☆

4 찬호가 고은이랑 같은 반이 되어 생일초대를 받은 것을 기뻐했던 까닭은 무엇일까요?

☆

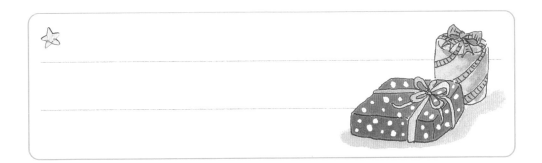

1 억수와 찬호의 공통점과 차이점을 찾아 보세요.

같은 점		
	찬 호	억 수
다른 점		

2 등장인물의 성격을 써 보세요. 성격은 인물의 행동이나 말투와 관련이 있어
요. 인물의 행동이나 말투를 떠올리며 왜 그런 성격이라고 생각하는지 함께
적어 보세요.

꺼벙이는 ＿＿＿＿＿＿＿＿ 다.

　왜냐하면 ＿＿＿＿＿＿＿＿ 때문이다.

찬호는 ＿＿＿＿＿＿＿＿ 다.

　왜냐하면 ＿＿＿＿＿＿＿＿ 때문이다.

고은이는 착하다.

　왜냐하면 　생일잔치에 친구들이 놀리는 억수를 초대했기 　때문이다.

16

3 찬호네 반 아이들은 옷도 지저분하고 행동도 어리숙하다고 놀리던 꺼벙이 억수를 왜 학급별로 뽑았을까요?

_____

4 착한 마음을 가진 억수에게 새로운 별명을 지어 주세요.

🌼 새로운 별명 :

🌼 별명을 지은 이유:

5 친구 생일잔치에 가야 하는데 선물을 살 돈이 없다면 나는 친구에게 어떤 선물을 줄 것인가요? 선물 대신 친구에게 줄 수 있는 것이 무엇이며, 왜 그것을 줄 것인지 이유도 함께 써 보세요.

선물 대신 줄 수 있는 것	이 유
종이학	종이학을 접으면서 내 마음을 전하고 싶다.

1 학급별을 따기 위해 그 때부터 착한 일을 시작한 찬호의 행동에 대해 여러분은 어떻게 생각하나요?

☆

2 생일잔치에 온 친구들은 고은이에게 선물을 주며 생일을 축하해 주었어요. 그런데 억수는 빈 손으로 와서 생일 선물이라며 노래 세 곡을 불러 주었어요. 친구들은 선물을 준비하지 않은 꺼벙이 억수를 비웃었어요. 친구 생일잔치에 갈 때는 꼭 생일 선물을 물건으로 준비해야 하는지 토론해 보세요.

1) 물건으로 생일 선물을 준비하는 것이 좋다.

☆ 이유 :

2) 물건 대신 다른 것으로 선물을 준비하는 것이 좋다.

☆ 이유 :

3 억수라는 이름이 있는데 꺼벙이라는 별명으로 부르는 것을 어떻게 생각하는지 토론해 보세요.

1) 별명을 지어 부르는 것은 나쁘지 않다.

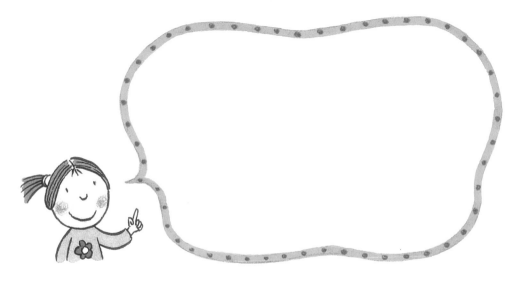

2) 별명을 지어 부르는 대신 이름을 불러야 한다.

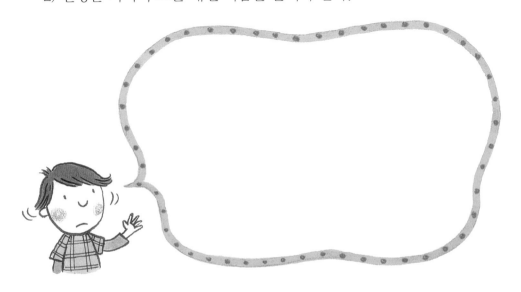

글쓰기를 해요

1 내가 선생님이 된다면 어떤 사람을 학급별로 뽑고 싶나요? 학급별이 되는 조건 3가지를 써 보세요.

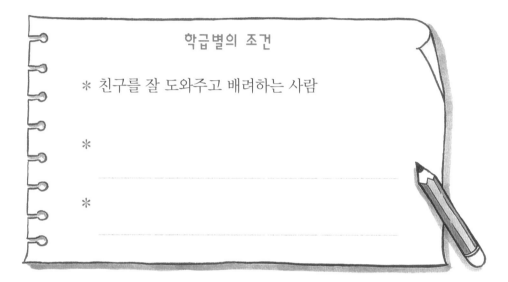

학급별의 조건

＊ 친구를 잘 도와주고 배려하는 사람

＊

＊

2 우리 반에서 학급별을 뽑는다면 누구를 추천할 건가요? 왜 그 친구를 뽑을 것인지 이유를 들어 다음 빈 칸에 추천하는 글을 써 보세요.

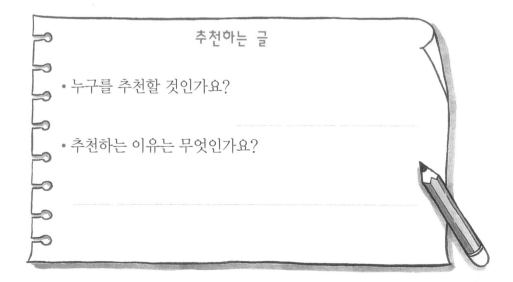

추천하는 글

• 누구를 추천할 것인가요?

• 추천하는 이유는 무엇인가요?

3 학교 신문에 억수 이야기가 나왔어요. 빈 칸에 어떤 말이 들어갈지 써 보세요.

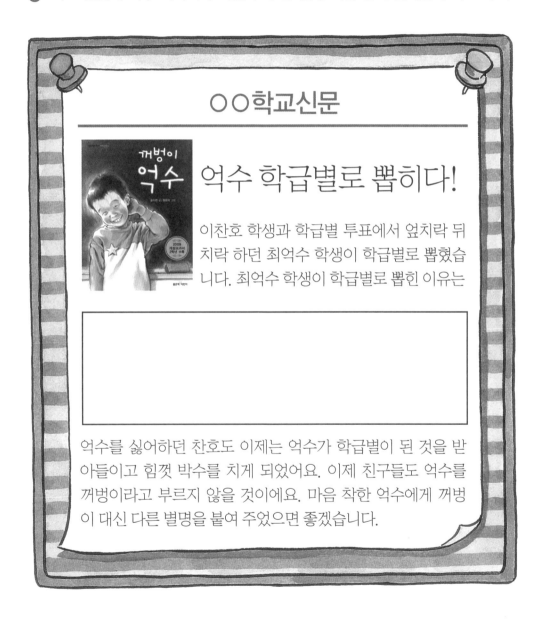

○○학교신문

억수 학급별로 뽑히다!

이찬호 학생과 학급별 투표에서 엎치락 뒤치락 하던 최억수 학생이 학급별로 뽑혔습니다. 최억수 학생이 학급별로 뽑힌 이유는

억수를 싫어하던 찬호도 이제는 억수가 학급별이 된 것을 받아들이고 힘껏 박수를 치게 되었어요. 이제 친구들도 억수를 꺼벙이라고 부르지 않을 것이에요. 마음 착한 억수에게 꺼벙이 대신 다른 별명을 붙여 주었으면 좋겠습니다.

4 학급별에 뽑힌 억수에게 상장을 만들어 주세요.

상

이름 : 꺼벙이 억수

위 어린이는

이 상장을 주어 칭찬합니다.

　　　　년　　월　　일

◎ 우리 주변에서 다른 사람들을 돕는 사람들의 이야기를 함께 살펴보아요.

[AJUMMA & 리더] '공연의 황제' 가수 김장훈 '기부도 황제'
관객이 저를 통해 선행… 제가 칭찬 받을 일 아니죠

"기부가 칭찬 받을 일도 아니고, 특별히 인터뷰할 일도 아니라고 생각합니다."

최근 10억 원을 추가 기부하면서 화제가 된 가수 김장훈에게 인터뷰를 요청하자 대뜸 이런 반응이 돌아왔다. 예상은 했다. '이미지를 좋게 하려고 일부러 기부한게 아니냐' 라는 지적을 받는 연예인도 있다. 그러나 그의 기부를 의심하는 사람은 드물다. 그는 지금까지 약 110억 원을 기부했다. 누리꾼에게는 '기부왕' 이라고 불린다.

"너무 배가 고프면 하늘이 노랗게 보이는 걸 내가 직접 겪어봤기 때문입니다."

하지만 김장훈이 밝힌 기부 이유는 이렇게 소박하다. 너도 나도 불우이웃을 돕자고 하지만 정작 행동으로 옮기기는 쉽지 않다. 김장훈에게 한 수 배워보자.

지금까지 약 110억 원을 기부한 '기부왕' 가수 김장훈. 그는 남는 돈을 기부하는 것이 아니라 미리 정한 기부금에 맞춰 돈을 마련한다.

◆ '가난' '왕따' 외로웠던 어린 시절

1986년생. 1남 2녀 중 막내로 태어났다. 아버지는 어릴 때 돌아가셨고, 몸이 약한 어머니는 병원에 있는 날이 많았다.

서울 홍익초교 시절, 인기 있는 학생은 아니었다. 되레 '왕따' 에 가까웠다. 성격이 모질거나 괴팍해서가 아니었다. 어머니처럼 그도 병원에서 지내는 날이 많았기 때문이었다. 기관지염과 악성빈혈로 '오래 살지 못한다' 는 판정도 들었다고.

이따금 병원에서 나와 학교를 가도 친한 친구들이 없었다.

"웃는 사진이 하나도 없어요."

그에게 초등학교 시절에 대한 기억은 '외로움' 이 가장 크다.

중고교에 올라가서도 상황은 크게 달라지지 않았다. 중학교 1학년 때부터 기타를 배우며 음악에 관심을 가졌지만 곧 천식 때문에 목소리가 제대로 나오지 않는다는 걸 알게 됐다. 고등학교 때는 가정 형편이 악화돼 학교를 중퇴할 상황에 이르렀다. 검정고시로 대학(경원대)에 갔지만 대학도 결국 중퇴했다.

◆ 공황장애로 병원 실려가 전 재산 기부

홍콩 액션 배우 청룡이 2008년 김장훈에게 보낸 한글 편지. 김장훈과 청룡은 '기부 스타'라는 공통점이 있다.

천식으로 목소리를 제대로 낼 수 없었던 그는 하루에 8~9시간씩 남산에 올라가 소리를 질렀다. 가수가 아니라도 소리라도 제대로 났으면 하는 바람에서였다. 쉰 소리로 울부짖듯 노래하는 그의 창법은 이렇게 탄생했다.

고 김현식의 소개로 1991년 데뷔했다. 7년의 무명생활을 거쳐 1998년 발표한 '나와 같다면'으로 대중적인 인기를 얻기 시작했다. 그러나 곧 또 다른 시련이 찾아왔다. 2000년 공황장애(특별한 이유 없이 나타나는 극단적인 불안증상) 증세로 갑자기 쓰러진 것. 기다시피 해서 혼자 병원을 찾아갔을 때 '이렇게 죽을 수도 있겠구나'는 생각이 들었다. 병원에서 전 재산을 사회에 기부했다. 그때부터 본격적으로 기부를 시작했다.

그는 돈을 벌어서 남는 돈으로 기부를 하지 않는다. 미리 기부액을 정해놓고 그에 맞춰 기부를 한다. 공연비, 광고비 등 거의 모든 수입이 기부금으로 들어간다. 대출을 받아서 기부를 한 적도 있다.

"돈을 쓰면 또 벌 수 있습니다. 사실 제가 기부를 하는 것이 아니라 공연을 보러 온 사람들이 저를 통해서 기부르 하는 거예요."

그만의 기부 철학이다.

〈어린이 동아일보 2010. 12. 28〉

메 모 장

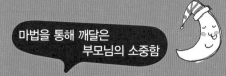
마법을 통해 깨달은 부모님의 소중함

마법의 설탕 두 조각

미하엘 엔데 글 | 진드라 차페크 그림 | 소년한길

관련 교과

슬기로운 생활 2학년 1학기 6. 우리 집이 좋아요 | (3) 내가 사는 집
바른 생활 2학년 2학기 5. 화목한 가정 | (2) 집안 어른께 효도하기

관련 매체

도서 잔소리 없는 날 • 안네마리 노르덴 | 보물 창고
    우리 엄마 팔아요 • 바르바르 로제 | 담푸스
영화 〈아빠가 줄었어요〉

어떻게 읽을까요?

1 실제로 이런 일이 일어나면 어떤 일이 생길지 상상하며 읽어요.

2 내가 렝켄이라면 어떻게 행동하고 결정했을지 생각하며 읽어요.

3 렝켄의 부모님이 마법의 설탕을 먹고 작아졌을 때의 기분이 어떠할지 생각하며 읽어요.

어떤 내용일까요?

렝켄의 부모님은 렝켄이 하고 싶어 하는 일들을 못하게 합니다. 자신의 말을 들어주지 않는 부모님 때문에 속이 상한 렝켄은 마법 요정을 찾아 나섰습니다.

빗물 거리의 요정은 렝켄에게 설탕 두 조각을 줍니다. 이 설탕은 부모님이 렝켄의 말을 반대할 때마다 몸을 반씩 줄어들게 하는 마법의 설탕입니다. 집으로 돌아온 렝켄은 부모님의 찻잔에 설탕을 타서 먹게 하였고 렝켄의 말에 반대를 할 때마다 부모님의 키는 점점 줄어들기 시작했습니다.

점점 작아지는 부모님 때문에 두려워진 렝켄은 요정을 다시 찾아갑니다. 요정은 부모님을 되돌리기 위해선 렝켄이 마법의 설탕을 먹어야 한다고 말하지요.

결국 렝켄은 설탕을 먹게 되고, 그 뒤로 부모님의 말씀을 잘 듣는 착한 아이가 되었어요.

1 마법의 설탕은 우리가 흔히 보는 설탕과 똑같을까요? 내가 마법의 설탕을 만들 수 있다면 어떻게 만들 수 있을까요? 마법의 설탕의 모습과 맛을 상상해 보세요.

❀ 마법의 설탕은 어떻게 생겼을까요?

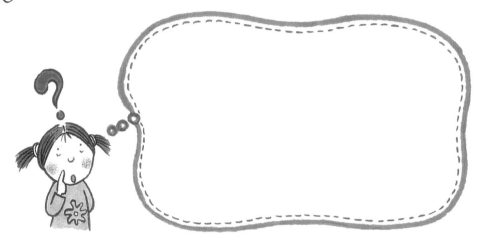

❀ 설탕의 맛은 어떠할까요?

❀ 마법의 설탕으로 어떤 마법을 부릴 수 있을까요?

❀ 마법의 설탕을 넣고 함께 외치는 주문은 무엇인가요?

2 우리 부모님은 어떤 분인가요?

☆ 우리 부모님은

☆ 왜냐하면

때문이다.

3 부모님이 시키시는 일 중에서 내가 하기 싫은 일들은 무엇인가요?

☆

☆

4 부모님은 왜 그런 일들을 시키실까요?

☆

☆

1 아래 내용을 읽고 맞으면 ○표, 틀리면 ×표를 하고 틀린 것은 바르게 고쳐 쓰세요.

1) 렝켄에게 요정을 찾아가는 길을 알려준 사람은 엄마였다. (　)

2) 요정의 손가락은 여섯 개였다.(　)

3) 요정은 첫 번째 소원을 들어주고 그 대가로 렝켄에게 돈을 받았다.(　)

4) 키가 작아진 부모님은 장난감 침대에서 잠을 자게 되었다. (　)

```
··· ▶


```

2 렝켄이 요정을 찾아간 이유는 무엇인가요?

```
☆


```

3 마법의 설탕을 먹으면 어떤 일이 생기나요?

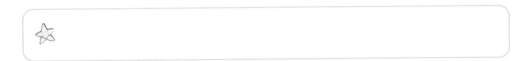

4 마법의 설탕 두 조각 사건 이후 가족들은 어떻게 바뀌었나요?

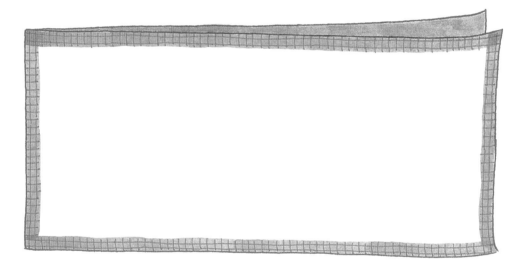

5 작아진 부모님을 보며 렝켄의 마음은 어떻게 바뀌었나요?

☆ 처음 :

☆ 작아진 후 :

1 렝켄과 렝켄의 부모님이 서로를 이해하며 행복하게 지낼 수 있는 방법을 찾아 주세요.

❀ 렝켄이 아이스크림이 먹고 싶어 아빠에게 돈을 달라고 한다.
아빠의 반응 : " 안 돼, 벌써 두 개나 먹었잖아. 아이스크림을 한꺼번에 많이 먹으면 배 아파요."

❀ 부모님이 어떻게 하면 렝켄이 행복할까요?

❀ 엄마에게 신발을 빨아달라고 부탁을 한다.
엄마의 반응 : " 네가 해, 너도 이제 다 컸잖아."

❀ 부모님이 어떻게 하면 렝켄이 행복할까요?

❀ 부모님께 바다로 휴가를 가고 싶다고 한다.
부모님의 반응 : " 산으로 가자."

❀ 부모님이 어떻게 하면 렝켄이 행복할까요?

2 내가 생각하기에 렝켄은 어떤 아이인가요? 그렇게 생각한 까닭을 써 보세요.

> ⭐ 렝켄은
>
> ⭐ 왜냐하면
>
> 때문이다.

3 내가 렝켄이라면 어떻게 했을까요?

❀ 우리 부모님이 내 말을 잘 들어 주지 않을 때
렝켄 : 요정을 찾아가서 마법의 설탕을 가져왔다.

❀ 나라면?

❀ 부모님을 되돌리기 위해 마법의 설탕을 먹으라고 했을 때
렝켄 : 자신이 마법의 설탕을 먹었다.

❀ 나라면?

33

1 렝켄은 요정에게 마법의 설탕 두 조각을 얻어 부모님의 찻잔에 넣었습니다. 렝켄의 행동에 대하여 친구들과 함께 이야기해 보세요.

1) 렝켄의 행동을 이해할 수 있다.

☆

2) 렝켄의 행동을 이해할 수 없다.

☆

2 렝켄은 요정이 준 마법의 설탕을 먹고 부모님이 말씀하신 대로 행동했습니다. 부모님의 말씀대로만 행동하는 것이 옳은가요?

　　1) 부모님이 말씀하시는 대로 행동해야 한다.

> ☆ 이유 :
> _____

　　2) 때로는 부모님 말씀을 어길 수도 있다.

> ☆ 이유 :
> _____

3 만약 나의 키가 반으로 줄어든다면 어떤 일이 생길 것인지 생각해 보세요. 키가 줄어들면 좋은 점과, 불편한 점이 무엇인지 발표해 보세요.

좋은 점	불편한 점

함께 맛 나누기   독서토론을 해요

4 여러분은 이 세상에 요정이 있다고 생각하나요, 없다고 생각하나요? 이유를
들어서 발표해 보세요.

1) 요정은 있다.

_____

_____

2) 요정은 없다.

_____

_____

1 다음은 〈마법의 설탕 두 조각〉에 나오는 여러 사람들을 인터뷰한 내용입니다. 각자의 생각을 써 보세요.

기자 : 렝켄 아버님, 아버님의 키가 아주 작아져 렝켄이 장난감 침대에서 자라고 했지요. 그 때 렝켄에게 어떤 말을 해 주고 싶었습니까?

아빠 :

기자 : 렝켄 어머님, 어머님의 키가 줄어든 것이 요정이 준 설탕 때문이라는 것을 알게 되셨지요. 그 때 어떤 기분이 들었습니까?

엄마 :

기자 : 렝켄, 엄마와 아빠를 되돌려 놓으려면 마법의 설탕 두 조각을 먹어야 한다는 요정의 말을 들었지요? 그 때 솔직히 어떻게 하고 싶었습니까?

렝켄 :

2 렝켄은 부모님께 불만이 많습니다. 여러분이 부모님께 가지고 있는 불만은 무엇인지 써보고, 그러한 불만을 어떻게 해결하는지 그 방법도 함께 써 보세요.

✿ 내가 부모님께 가지는 불만

✿ 나는 이렇게 해결해요

38

3 커서 어른이 된다면 나는 나의 아이에게 어떤 부모가 되고 싶은가요? 또 나의 아이는 어떤 아이였으면 좋겠나요?

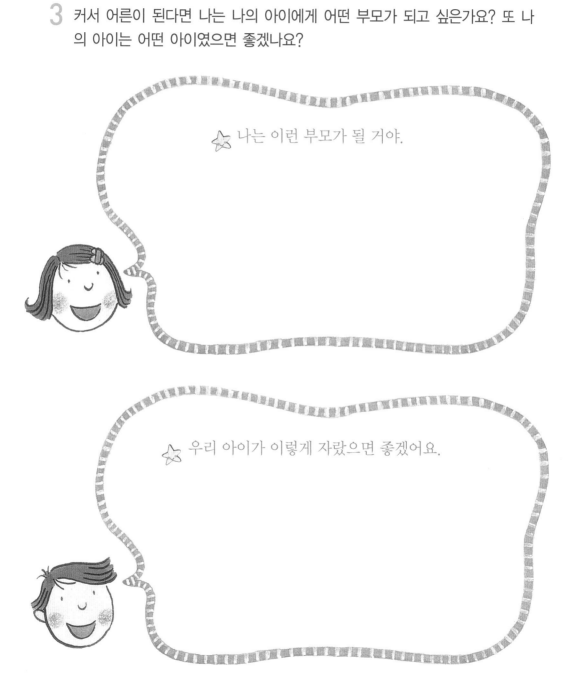

☆ 나는 이런 부모가 될 거야.

☆ 우리 아이가 이렇게 자랐으면 좋겠어요.

4 마법의 설탕 사건 이후 렝켄의 가족은 서로의 말을 무턱대고 반대하지 않고 꼭 필요할 때만 그렇게 했습니다. 그 사건 이후 렝켄의 가족은 요정을 오히려 고맙게 여겼습니다. 렝켄의 부모님이 되어 프란치스카 요정에게 고마운 마음을 전하는 편지를 써 보세요.

5 렝켄은 마법의 설탕 사건 이후에 일기를 썼습니다. 요정을 만나러 가는 순간부터 설탕을 먹었던 일들의 내용이 잘 드러나게 그림일기를 써 보세요.

OOOO년 O월 O일 날씨 :

제목 : 마법의 설탕

◎ 다음은 마법의 나무입니다. 소원을 적어서 나무에 걸어 놓으면 이루어진답니다. 벌써 친구들이 많은 소원을 걸어놓았네요. 꼭 이루고 싶은 소원을 딱 한 가지만 걸어 보세요.

메 모 장

새로운 놀이로 친구 사귀기

짜장 짬뽕 탕수육

김영주 글 | 고경숙 그림 | 재미마주

관련 교과

국어 2학년 2학기   4. 마음을 주고받으며
바른생활 2학년 2학기   5. 화목한 가정 | (2) 집안 어른께 효도하기

관련 매체

도서   함께 걷는 길 • 김서정 | 웅진주니어
　　　　내 짝꿍 최영대 • 채인선 | 재미마주

어떻게 읽을까요?

1 교실에서 따돌림을 당하거나 따돌리는 경우를 생각하며 읽어요.

2 힘이 센 친구에게 반 친구들이 어떤 반응을 하는지 생각 하며 읽어요.

3 종민이가 어떻게 따돌림에서 벗어나는지 살펴가며 읽어요.

어떤 내용일까요?

종민이는 3학년이 되어 도시로 전학을 갑니다. 종민이의 부 모님은 '장미반점'이라는 중국 음식점을 하고, 새 환경에 적 응하기 위해 가족들 모두 열심이지만 종민이의 새 학교 적응 은 쉽지가 않습니다. 낯선 교실, 낯선 친구들 사이에서 종민 이는 외톨이입니다. 쉬는 시간에 화장실에 간 종민이는 '왕- 거지' 놀이를 하는 친구들에게 거지라고 놀림을 당합니다. 따 라다니면서 놀리는 친구들 때문에 종민이는 속이 상하지만 누리와 다른 여자 친구들이 다정하게 위로해주어 기분이 나 아집니다.

5교시 쉬는 시간에 다시 화장실에 간 종민이는 화장실에서 또 '왕-거지' 놀이가 벌어진 것을 밖에서 엿보며 생각에 잠깁 니다. 뭐가 좋은지 혼자 히히덕거리며 맨 앞 변기로 간 종민 이는 '짜장-짬뽕-탕수육'을 외치면서 '왕-거지' 놀이를 하던 아이들의 관심을 끕니다. 아이들은 '왕-거지' 놀이 대신 '짜 장-짬뽕-탕수육' 놀이를 시작하게 됩니다. 그리고 종민이에 게도 관심을 보입니다. 종민이는 친구들을 초대하여 아빠의 탕수육 요리를 자랑하며 새 친구들과 친해집니다.

1　친구들과 함께 하는 놀이 '베스트 3'는 무엇인가요?

> 1.
>
> 2.
>
> 3.

2　여러분이 가장 좋아하는 놀이는 무엇이고 그 놀이의 좋은 점은 무엇인가요?

가장 좋아하는 놀이	놀이의 좋은 점

3 우리 반에 새 친구가 전학을 온다면 나는 어떤 기분이 들까요?

☆

4 힘 센 친구가 나를 괴롭힌 적이 있거나, 힘 센 친구가 약한 친구를 괴롭힌 것을 본 적이 있나요?

☆

5 힘센 친구가 괴롭힐 때는 어떻게 하면 좋을까요? 여러 가지 방법을 생각해 보세요.

☆

1 쉬는 시간 종민이의 학교 화장실에서는 어떤 일이 벌어졌나요?

⭐

2 종민이는 왜 친구들에게 놀림을 받게 되었나요?

⭐

3 종민이가 도시락을 먹을 때 큰 덩치가 어떻게 하였나요?

⭐

4 놀림을 당한 종민이에게 앞에 앉은 누리와 친구는 무엇이라고 하였나요?

5 5교시 쉬는 시간에 화장실에 간 종민이는 큰 덩치가 하던 놀이를 바꾸어 버립니다. 어떻게 바꾸었나요?

6 종민이가 만든 놀이는 화장실의 분위기도 바꾸어 놓습니다. 종민이는 화장실의 분위기를 어떻게 바꾸었나요?

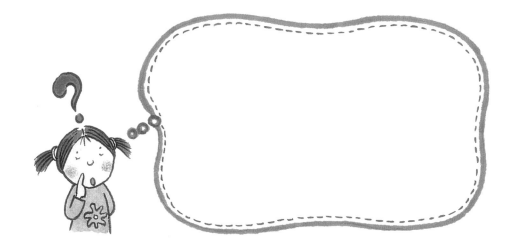

1 큰 덩치의 이러한 행동에 대해 어떻게 생각하나요?

2 큰 덩치가 자신이 편한 대로 '왕-거지' 놀이의 위치를 바꾸는데도 왜 반 아이들은 아무 말도 못하고 '왕-거지' 놀이를 함께 했나요?

3 만약 여러분이 종민이처럼 거지라고 놀림을 받는다면 어떻게 할 것인가요?

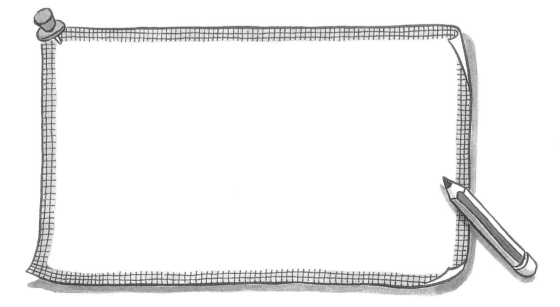

4 종민이가 큰 덩치가 한 일을 선생님께 일렀다면 이야기는 어떻게 되었을까요?

5 종민이가 '짜장-짬뽕-탕수육' 놀이를 한 것에 대해 어떻게 생각하나요?

6 여러분은 종민이처럼 어려운 일을 스스로 해결한 적이 있나요?

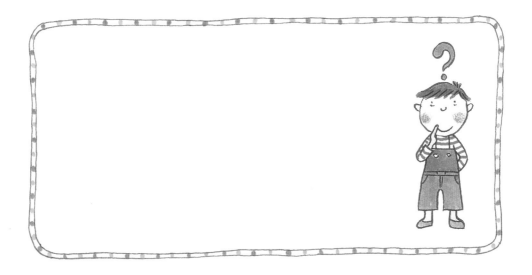

1 화장실에서 반 친구들은 '왕-거지' 놀이를 하면서 종민이를 거지라고 놀립니다. 이러한 놀이를 어떻게 생각하나요?

1) 왕-거지 놀이는 재미있다.

☆

2) 왕-거지 놀이는 재미없다.

☆

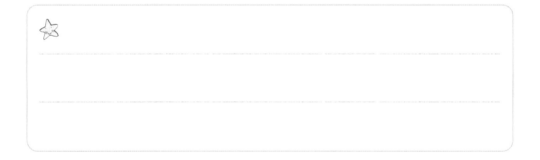

2 누리는 큰 덩치가 종민이를 놀리는 것을 보고 원래 그런 아이니까 이해하라고 위로합니다. 하지만 큰 덩치의 행동이 잘못된 행동인 줄 알면서도 누리는 큰 덩치에게는 아무 말도 안 합니다. 이런 누리의 행동을 어떻게 생각하나요?

1) 누리는 잘못이 없다.

☆

2) 누리는 잘못했다.

☆

3 친구가 놀리면 선생님께 말씀드려서 도움을 받아야 하는지, 혼자서 해결해야
하는지 한쪽의 입장을 선택해서 토론해 보세요.

1) 선생님의 도움을 받아야 한다.

2) 혼자서 해결해야 한다.

요리하는 재미   글쓰기를 해요

1 종민이가 친구들과 친해질 수 있었던 이유는 종민이의 어떤 성품 때문인가요?

요리하는 재미 　글쓰기를 해요

2 놀림을 당하는 친구들에게 어떤 말을 해주고 싶은지 써 보세요.

3 종민이는 새로운 학교에서 아이들이 벌인 '왕-거지' 놀이 때문에 놀림을 받고 속상해 합니다. 자신을 짓궂게 놀려대는 아이들을 피하거나 두려워하지 않고 새로운 놀이를 만들어 새 친구들과 친해집니다. '왕-거지' 놀이와 '짜장-짬뽕-탕수육' 놀이의 차이점이 무엇인지 써 보세요.

◎ **도전! 낱말퍼즐!!**
   〈보기〉에서 알맞은 낱말을 골라 퍼즐을 맞추어 보세요.

> 보기 – 꽃샘추위, 기호, 홍당무, 호령, 덩치, 당선, 위로, 치아

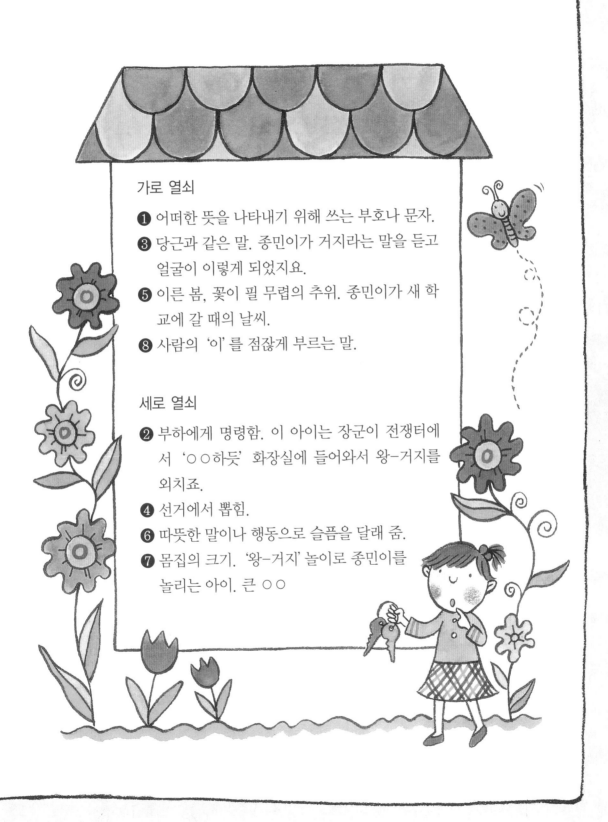

가로 열쇠

❶ 어떠한 뜻을 나타내기 위해 쓰는 부호나 문자.

❸ 당근과 같은 말. 종민이가 거지라는 말을 듣고 얼굴이 이렇게 되었지요.

❺ 이른 봄, 꽃이 필 무렵의 추위. 종민이가 새 학교에 갈 때의 날씨.

❽ 사람의 '이'를 점잖게 부르는 말.

세로 열쇠

❷ 부하에게 명령함. 이 아이는 장군이 전쟁터에서 'ㅇㅇ하듯' 화장실에 들어와서 왕-거지를 외치죠.

❹ 선거에서 뽑힘.

❻ 따뜻한 말이나 행동으로 슬픔을 달래 줌.

❼ 몸집의 크기. '왕-거지' 놀이로 종민이를 놀리는 아이. 큰 ㅇㅇ

호랑이를 이겨낸 지혜의 힘

팥죽 할멈과 호랑이

박윤규 글 | 백희나 그림 | 시공주니어

관련 교과

국어 2학년 2학기   1. 느낌을 나누어요
즐거운 생활 2학년 2학기   6. 팥죽할머니와 호랑이

관련 매체

박물관   농업박물관 • http://www.agrimuseum.or.kr/
           인제산촌민속박물관 • http://www.inje.gangwon.kr/home/museum/

어떻게 읽을까요?

1 호랑이가 할머니를 잡아먹으려는 이유를 생각하며 읽어요.

2 할머니가 무서운 호랑이를 물리치는 과정을 살펴보며 읽어요.

3 물건들이 할머니를 왜 돕는지 생각하며 읽어요.

어떤 내용일까요?

어느 날, 산밭에서 김을 매는 팥죽 할멈에게 집채만한 호랑이가 나타나 잡아먹겠다고 합니다. 할멈은 동지 팥죽을 쒀 줄 테니 그 다음에 자신을 잡아먹으라고 하고는 호랑이를 보냅니다.

호랑이와 약속한 동짓날이 되자 할멈은 팥죽을 쑤어 놓고 꺼이꺼이 웁니다. 울음소리를 듣고 나타난 알밤, 자라, 물찌똥, 송곳, 돌절구, 멍석, 지게가 할멈의 딱한 사정을 알게 됩니다. 할머니 집에 찾아 온 물건들은 할멈이 끓여 준 팥죽을 맛있게 얻어먹고, 모두 힘을 합쳐 호랑이를 물리칩니다.

미리 맛보기   마음을 열어요

1 다음은 팥죽 할멈을 도와준 물건들입니다. 쓰임새를 읽어보고 이름을 적어보세요.

물 건	이 름	물건의 쓰임새
		짐을 얹어 등에 짊어지는 운반도구
		짚으로 새끼줄을 엮어 만든 큰 자리 (농가에서 곡식을 펼쳐 놓아 말리는 데 쓰거나, 집에서 잔치할 때 마당에 깔고 손님을 접대하기도 하였다.)
		곡식을 빻을 때 쓰는 도구

2 팥죽 할멈은 동짓날 팥죽을 끓여요. 동짓날은 어떤 날인가요?

☆

3 동짓날에는 왜 팥죽을 먹을까요?

☆

4 힘 센 사람을 이길 수 있는 있는 방법에는 무엇이 있을까요?

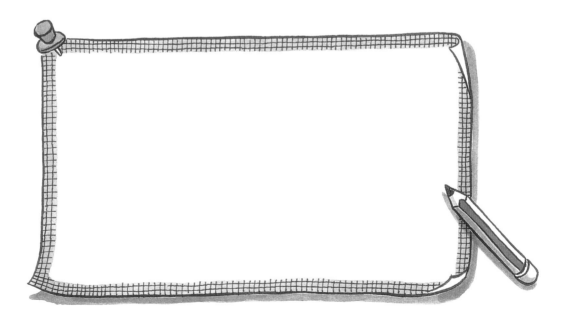

1 할멈은 어떻게 호랑이를 만나게 되었나요?

2 호랑이는 왜 할멈을 잡아먹지 않고 그냥 갔나요?

3 할멈은 왜 팥죽을 끓이면서 꺼이꺼이 울었나요?

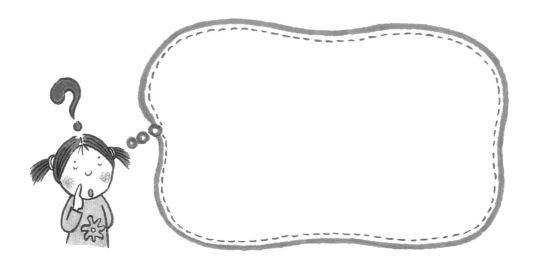

4 이들은 팥죽을 먹고 난 다음 어떻게 했나요?

5 할멈을 잡아먹으러 온 호랑이는 왜 할멈을 잡아먹지 않고 아궁이 불 앞에 가서 쪼그리고 앉았나요?

6 다음은 물건들이 호랑이를 혼내 준 내용입니다. 순서대로 정리해 보세요.

〈순서〉-

① 호랑이는 물찌똥에 줄떡 미끄러져서 벌러덩 쿵 넘어졌다.

② 자라가 물동이에 얼굴을 처박은 호랑이의 코를 꽈작 깨물었다.

③ 아궁이 재 속에 있던 알밤이 껍질을 빵 터뜨리며 튀어 올라 호랑이 눈에 박치기를 먹였다.

④ 송곳이 발딱 일어서서 "예끼 놈!" 하면서 호랑이 똥구멍을 콱 찔렀다.

⑤ 돌절구가 뚝딱 떨어져 호랑이는 머리를 맞고 "꽥" 소리를 지르며 나자빠졌다.

⑥ 지게가 호랑이를 덜렁 지고 겅중겅중 껑충 달려가서 강물에 던져 버렸다.

⑦ 멍석이 호랑이를 둘둘 말아버렸다.

1 호랑이는 갑자기 나타나서 팥죽 할멈을 잡아먹겠다고 합니다. 여러분 주변에
  도 호랑이처럼 무리한 요구를 하는 사람이 있나요?

2 호랑이처럼 행동하는 사람을 뭐라고 부르나요? 그 이유는 무엇인가요?

☆

3 팥죽 할멈을 잡아먹으려는 호랑이를 알밤, 자라, 물찌똥, 송곳, 돌절구, 멍석,
  지게가 나타나서 혼내줍니다. 이들은 왜 팥죽 할멈을 도와주었을까요?

☆

4 힘 센 호랑이가 힘 없는 작은 동물들과 물건들에게 당한 이유는 무엇인가요?

☆

5 여러분의 주위에도 이렇게 힘이 약한 사람들이 힘을 모아 나쁜 짓을 하는 힘 센 사람을 혼내 준 일이 있나요?

☆

6 힘이 약한 사람이 힘이 센 사람을 혼내주는 방법에는 어떤 것이 있을까요?

☆

1 〈팥죽 할멈과 호랑이〉에서처럼 어려운 사람을 도우면 나에게 좋은 일이 생기는지, 그렇지 않은지 토론해 보세요.

2 할멈을 잡아먹으려 한 호랑이를 혼내준 것은 잘했지만, 호랑이를 강물에 빠뜨린 것은 옳은 일일까요?

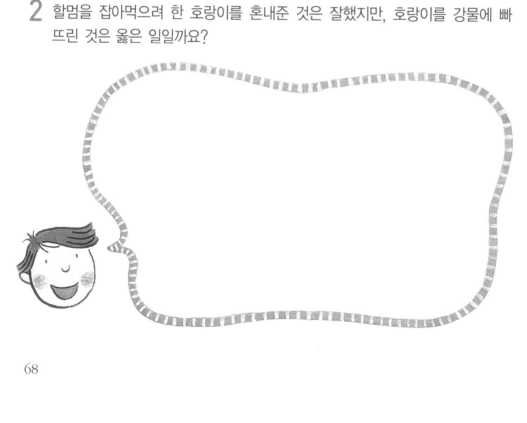

3 힘이 약한 사람이라도 힘이 센 사람을 이길 수 있는 것인지 토론해 보세요.

1) 힘이 약한 사람이라도 힘센 사람을 이길 수 있다.

2) 힘이 약한 사람은 힘센 사람을 이길 수 없다.

1 다음 글은 호랑이가 주인공인 〈효자 호랑이〉의 줄거리입니다. 이 글을 읽고 팥죽 할멈을 잡아먹으려고 한 호랑이에게 충고의 편지를 써 보세요.

〈 효자 호랑이의 줄거리 〉

　아픈 어머니를 모시고 사는 한 청년이 산에 나무를 하러 갔다가 호랑이를 만납니다. 청년은 꾀를 내어 자신을 잡아먹으려는 호랑이에게 형님이라고 하고 호랑이를 설득합니다. 호랑이가 어릴 적 헤어진 형님이 분명합니다. 머리에 새겨진 왕자를 보면 분명 자신의 형님인 것이 맞습니다. 그러면서 무릎을 꿇고 절을 합니다. 청년은 어머님이 형님을 찾아다니다가 그만 병을 얻어 누워계신다며 고깃국이나 한 그릇 드렸으면 좋겠다고 합니다. 그 말을 들은 호랑이는 자신이 진짜 사람이었는데 호랑이가 됐다고 생각하고 그날부터 청년의 어머니에게 멧돼지나 사슴을 잡아다 주며 효도를 합니다. 그러다가 어머님이 돌아가시자 호랑이가 고기를 물어다주지를 않았습니다.

　청년이 어느 날 산에 올라갔다가 하얀 댕기를 맨 새끼 호랑이들을 발견합니다. 청년은 새끼 호랑이들에게 어째서 댕기를 매고 다니느냐 물었습니다. 새끼 호랑이들은 아버지 호랑이가 사람인 할머니가 돌아가신 후 시름시름 앓다가 어제 죽어 흰색 댕기를 매고 있다고 말합니다. 이 말을 들은 청년은 이 새끼 호랑이들이 자신이 형님이라고 불렀던 호랑이라는 것을 깨닫고 그 효성에 감동합니다.

편지글의 개요 작성

대상 도서	
제 목	

구 성	개 요
부르는 말	
첫인사	
하고 싶은 말	
끝인사	
보내는 날짜	
보내는 사람	

요리하는 재미　글쓰기를 해요

◎ 편지지

팥죽 할멈이 만든 팥죽 만드는 방법

〈엄마와 함께 직접 팥죽을 만들어 봐요〉

만드는
방법

재료
(4인분)

붉은팥 3컵, 물 5L,
쌀 1/2컵, 찹쌀가루 3컵, 끓는 물 1/3컵,
소금 1/2 작은술과 여분의 소금 준비.

1. 쌀을 깨끗이 씻어 일어서 2시간 이상 물에 불려 건져둔다.

2. 팥은 씻어서 큰 냄비에 담고 4L의 물을 부어 팥의 속이 터져 나오도록 푹
   삶는다.

3. 삶은 팥을 뜨거울 때 나무주걱으로 으깨어 중간체에 물 1L를 조금씩 부으
   면서 걸러서 껍질은 버리고 앙금은 가라앉힌다.

4. 찹쌀가루는 뜨거운 물로 소금1/2 작은술을 넣고 익반죽하여 지름1cm 정
   도의 새알심을 동그랗게 만든다.

5. 냄비에 3번의 앙금이 가라앉은 윗물을 가만히 따라서 붓고 불린 쌀을 넣
   어서 가끔 저어주며 쌀이 완전히 퍼질 때까지 끓인다.

6. 가라앉힌 팥앙금을 5번의 냄비에 넣어 저으면서 끓이다가 새알심을 넣고
   가만히 저어주면 새알심이 익으면서 떠오르게 되므로 이때에 소금으로
   간을 맞추어주면 팥죽이 완성된다.

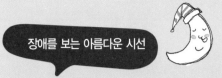
장애를 보는 아름다운 시선

내게는 소리를 듣지 못하는 여동생이 있습니다

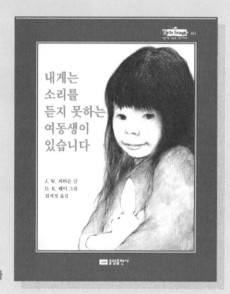

J. W. 피터슨 글 | D. K. 래이 그림 | 중앙출판사

관련 교과

바른생활 2학년 1학기　5. 함께 사는 우리 | (4) 존중하고 배려하는 마음
바른생활 2학년 2학기　5. 화목한 가정 | (3) 형제자매끼리 사이좋게 지내기

관련 매체

도서　　꽃처럼 향기로운 내 동생 • 아그네스 라코르 | 크레용하우스
　　　　　아주 특별한 우리 형 • 고정욱 | 대교출판
인터넷　도움나라 • http://www.itall.or.kr/ | 수화 배우기
영화　　〈글러브〉

어떻게 읽을까요?

1 주인공과 여동생의 생활 모습을 비교하면서 읽어요.

2 청각장애인들은 무엇이 불편할지 생각하며 읽어요.

3 주인공의 동생이 남들과 다르게 잘 할 수 있는 것과 잘 하지 못하는 것이 무엇인지 생각하며 읽어요.

어떤 내용일까요?

주인공은 특별한 여동생이 있습니다. 여동생은 소리를 듣지 못하지만, 남들이 볼 수 없는 것을 볼 수 있고, 남들이 느낄 수 없는 것을 느낄 수 있습니다.

이 책에서 주인공의 특별한 여동생을 통해 우리 모두는 특별한 존재라는 것을 알 수 있습니다. 그리고, 나와 다르다고 하여 무시하거나 불쌍히 여겨선 안된다는 것, 상대의 장점을 찾아내고 인정해 주어야 한다는 것을 배울 수 있습니다.

청각 장애인을 이해해요

✿ 어떤 사람을 청각장애인이라고 할까요?

청각장애란 소리를 듣는 청각기관에 이상이 생기거나 또는 들은 소리를 이해하는 중추기관에 이상이 생겨 의사소통에 지장이 있는 경우를 말합니다. 즉 소리를 들을 수 없게 되면 말의 억양이나 발음이 고르지 못하게 되고 적절한 언어 훈련을 받지 않고 방치하면 말을 하지 못하게 됩니다. 그래서 청각장애란 '의사소통'의 장애라 할 수 있습니다. 그러므로 적당한 '의사소통'의 방법을 사용하여 청각장애인과 일반인이 대화를 할 수 있게 되면 장애는 극복되고 큰 어려움 없이 일반사람들과 대화할 수 있습니다.

✿ 청각장애인과의 대화는 어떻게 할까요?

일반적으로 청각장애인은 대화하는 것을 좋아합니다. 흔히 청각장애인이 일반인과 대화를 할 때는 입의 모양을 보고 상대방이 무슨 말을 하는지 이해합니다. 이때 몸의 동작을 섞으면서 정면으로 입을 크게 움직이며 여유를 가지고 천천히 명확하게 이야기해야하며. 수화를 할 수 있는 사람은 손으로 대화하는 수화를 사용합니다. 때로는 손바닥이나 종이에 글을 써서 읽어주는 방법이 있는데 다소 시간이 걸리지만 정확히 전달됩니다.

✿ 청각장애인을 대할 때 이런 점을 지켜요

청각장애인과 대화를 할 때에는 말하는 사람 쪽을 향하여 보고 있을 때 말을 합니다. 청각장애인들은 말하는 사람의 입모양을 보고 내용을 파악하는 경우가 많기 때문입니다. 또한 말을 할 때에는 보통크기의 목소리로 이야기해야하며 입모양을 과장하여 크게 하거나 어물거리지 말고 또박또박 차분히 말하도록 합니다. 대화 중에 청각장애인이 이해하고 있는지 때때로 확인하고 글씨를 아는 사람이면 글씨를 써가면서 말하는 것이 더 좋습니다. 또 청각장애인의 말소리가 이상하더라도 정정하거나 웃지 말고 들어주어야 하며 자신감을 가지고 계속 말할 수 있도록 잘 이해하고 있다는 태도를 보여주면 더 좋습니다.

〈도움나라 장애인 서비스 http://www.itall.or.kr〉

1 청각장애인에 대한 글을 읽고 느낀 점이나 생각한 것을 두 가지 써 보세요.

☆

☆

2 '동생' 하면 무엇이 떠오르나요?

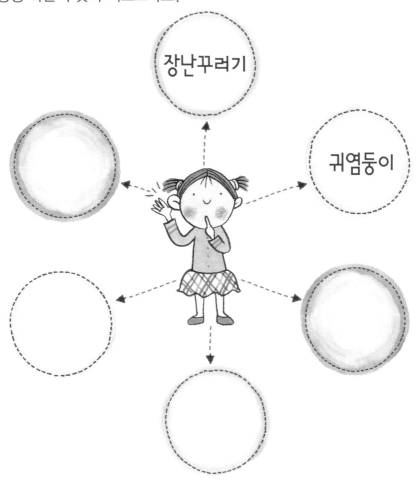

장난꾸러기

귀염둥이

3 만약 나에게 몸이 불편하거나 나와 다르게 생긴 동생이 있다면 나는 내 동생을 어떻게 생각할까요?

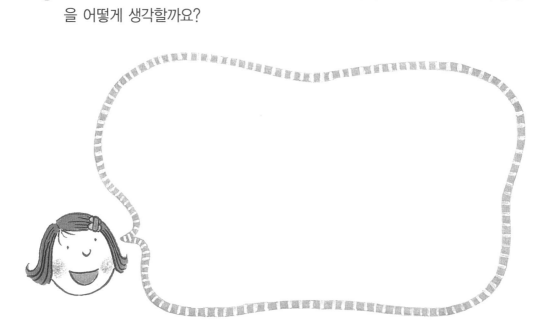

4 소리가 들리지 않는다면 어떤 점이 불편할까요?

1 다음 그림은 어떤 내용인가요? 그림을 보고 책 속의 내용을 떠올려 써 보
세요.

차근차근 맛보기   내용을 이해해요

2 풀밭으로 나가서 놀 때 주인공은 동생에게 어떻게 말을 하나요?

☆

3 풀밭에서 내가 듣는 것과 동생이 보는 것은 무엇인가요?

주인공	동 생

4 친구들이 "소리를 못 들으면 귀가 아프니?" 하고 동생에 대해 물어 보면 주인공은 어떻게 대답하나요?

☆

5 방 저쪽에 있는 동생이 주인공을 보게 하려면 발을 쾅쾅 구르거나 손을 흔듭니다. 왜 그런 행동을 하는지 이유를 3가지 적어 보세요.

1 책 속에 나오는 동생을 둔 가족의 마음은 어떨까요?

☆

2 만약 몸이 불편한 동생이 있다면 우리 가족들이 동생을 위해 해야 할 일은 무엇이 있을까요?

☆

3 이 책은 동생을 소개하는 글입니다. 여러분의 동생이나 언니, 오빠 중 한 명을 선택해 소개하는 글을 써 보세요.
(형제자매가 없는 경우 가족 중 한 명을 소개해도 됩니다.)

☆

4 만약 내가 말을 하지 못한다면 말하고 싶은 것을 어떻게 표현할 수 있을까요? 말하지 않고 나의 생각을 표현할 수 있는 방법에는 무엇이 있을까요?

☆

5 청각장애인 체험을 해보세요. 귀를 막고 친구들이 하는 이야기를 들어 보세요. 체험을 하고 난 느낌을 적어 보세요.

1 장애를 겪고 있는 친구들은 혼자서 하기에는 불편한 점이 많습니다. 그럴 때 우리의 도움이 필요합니다. 장애가 있는 친구들을 도와 줄 때 우리는 어떻게 해야 하는지 토론해 보세요.

1) 앞장서서 도와준다.

☆ 이유 :

2) 도움을 달라고 할 때 도와준다.

☆ 이유 :

2 요즘 학교에서는 같은 교실에서 장애인 친구와 함께 공부하는 경우도 있고 장애인 친구들끼리 따로 모여 공부하기도 합니다. 여러분은 어떻게 하는 것이 좋다고 생각하나요?

1) 같이 공부하는 것이 좋다.

☆ 이유 :

2) 장애인 친구들끼리 따로 공부해야 한다.

☆ 이유 :

독서토론을 해요

3 장애를 겪고 있는 사람들은 불쌍하다고 할 수 있나요? 장애를 가진 사람들은 우리가 돌봐 주어야 할 불쌍한 사람들인가요?

1) 장애를 가진 사람들은 우리가 돌봐 주어야 할 불쌍한 사람들이다.

☆ 이유 :

2) 장애를 가진 사람은 불쌍하지 않다. 보통 사람이 가질 수 없는 특별한 장점을 가진 사람들이다.

☆ 이유 :

1 〈내게는 소리를 듣지 못하는 동생이 있습니다〉의 동생과 다음 글에 나오는 릴리는 어떤 공통점과 차이점이 있는지 알아보고, 이런 친구들이 우리 주변에 있다면 어떤 도움을 주어야 하는지 방법을 생각해 보세요.

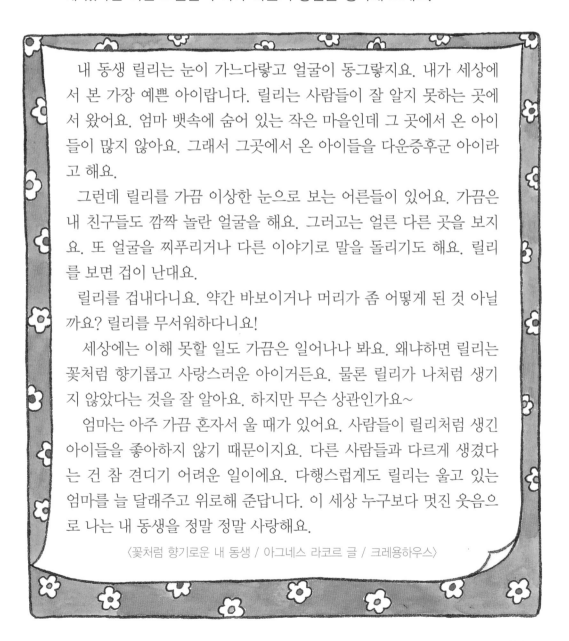

　내 동생 릴리는 눈이 가느다랗고 얼굴이 동그랗지요. 내가 세상에서 본 가장 예쁜 아이랍니다. 릴리는 사람들이 잘 알지 못하는 곳에서 왔어요. 엄마 뱃속에 숨어 있는 작은 마을인데 그 곳에서 온 아이들이 많지 않아요. 그래서 그곳에서 온 아이들을 다운증후군 아이라고 해요.

　그런데 릴리를 가끔 이상한 눈으로 보는 어른들이 있어요. 가끔은 내 친구들도 깜짝 놀란 얼굴을 해요. 그러고는 얼른 다른 곳을 보지요. 또 얼굴을 찌푸리거나 다른 이야기로 말을 돌리기도 해요. 릴리를 보면 겁이 난대요.

　릴리를 겁내다니요. 약간 바보이거나 머리가 좀 어떻게 된 것 아닐까요? 릴리를 무서워하다니요!

　세상에는 이해 못할 일도 가끔은 일어나나 봐요. 왜냐하면 릴리는 꽃처럼 향기롭고 사랑스러운 아이거든요. 물론 릴리가 나처럼 생기지 않았다는 것을 잘 알아요. 하지만 무슨 상관인가요~

　엄마는 아주 가끔 혼자서 울 때가 있어요. 사람들이 릴리처럼 생긴 아이들을 좋아하지 않기 때문이지요. 다른 사람들과 다르게 생겼다는 건 참 견디기 어려운 일이에요. 다행스럽게도 릴리는 울고 있는 엄마를 늘 달래주고 위로해 준답니다. 이 세상 누구보다 멋진 웃음으로 나는 내 동생을 정말 정말 사랑해요.

〈꽃처럼 향기로운 내 동생 / 아그네스 라코르 글 / 크레용하우스〉

요리하는 재미 　글쓰기를 해요

1) 〈내게는 소리를 듣지 못하는 여동생이 있습니다〉의 여동생과 위 글에 나오는 릴리는 어떤 공통점과 차이점이 있나요?

☆ 공통점은

☆ 차이점은

2) 주변에서 장애가 있는 친구나 몸이 불편한 친구가 놀림을 받은 것을 본 적이 있나요? 왜 놀림을 받는다고 생각하나요?

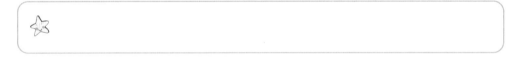

☆

3) 〈내게는 소리를 듣지 못하는 여동생이 있습니다〉의 여동생과 위 글에 나오는 릴리와 같은 아이들이 우리 주변에 있다면 어떤 도움을 주어야 하나요?

✿ 청각장애인 친구에게 도움을 주는 방법 :

✿ 다운증후군 친구에게 도움을 주는 방법 :

2 주인공이 되어 동생에게 보내는 사랑의 편지를 써 보세요.

맛있는 후식,
알차게 마무리해요

◎ 수화로 형제, 자매를 어떻게 소개하는지 살펴보아요.

❀ 언니(누나)

⋯▸ 오른손 5번 째 손가락을 펴서 위로 올린다.

❀ 오빠(형)

⋯▸ 오른손 3번 째 손가락을 펴서 위로 올린다.

남동생

    ⋯▶ 오른손 3번 째 손가락을 펴서 밑으로 내린다.

❀ 여동생

    ⋯▶ 오른손 5번 째 손가락을 펴서 밑으로 내린다.

〈전라북도교육정보과학원 사랑의 수화 교실〉

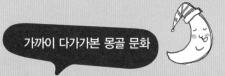
가까이 다가가본 몽골 문화

몽골의 게르와 선사 움막

김민선 글 | 지영이 그림 | 정인출판사

관련 교과

슬기로운 생활 2학년 1학기   6. 우리 집이 좋아요 | (1) 집의 다양한 모습
바른생활 2학년 1학기   5. 함께 사는 우리 | (4) 존중하고 배려하는 마음

관련 매체

도서   뭐가 다른데? • 이성자 | 문원
영상   깜근이 엄마 • SBS TV (2006)
        우리 하나 됐어요 • KBS 러브인 아시아 TV

어떻게 읽을까요?

1 완전한 게르를 만들기 위해서 무엇이 필요한지 생각하며 읽어요.
2 일곱 명의 형제들에게 어떤 일이 생겼는지를 생각하며 읽어요.
3 우리 문화와 몽골 문화의 비슷한 점을 생각하며 읽어요.

어떤 내용일까요?

수찬이네는 다른 가족들과 조금 다른 점이 있습니다. 아빠와 누나, 몽골에서 함께 온 엄마가 함께 살고 있기 때문이죠.

수찬이네 가족은 선사유적지로 나들이를 왔어요. 수찬이는 이리저리 돌아다녀 봤지만 재미가 없었어요. 그 때 짚으로 만든 이상한 집이 눈에 띄었어요. 엄마는 반가운 표정을 지으며 우리나라의 옛날에 만들어진 집과 엄마가 몽골에서 살던 게르가 비슷하다고 말했어요.

집 구경을 하고 점심을 먹은 후에 수찬이는 꾸벅꾸벅 졸기 시작했어요. 눈을 뜬 수찬이에게 어떤 일이 생겼을까요? 수찬이 앞에 넓고 푸른 몽골의 초원이 펼쳐졌어요. 그곳에서 수찬이는 게르라고 불리는 둥글고 하얀 집에 가보기도 하고 몽골 사람들을 만나보기도 합니다.

1 다음은 세계 여러 종류의 집입니다. 지역마다 나라마다 집의 모습이 다릅니다. 그 이유는 지역마다 구할 수 있는 재료가 다르고 기후와 땅의 모습, 그리고 문화가 다르기 때문입니다.

위의 집들을 짓는데 필요한 재료는 무엇인가요?

2 우리 나라의 옛날 집 중에서 마음에 드는 집을 골라보고 그 이유를 써 보세요.

☆ 마음에 드는 집 :

☆ 그 이유 :

3 우리 주변에서 부모님이 외국인인 친구를 본 적이 있나요? 그 친구를 대하는 나의 태도는 어떠한가요? 없다면 상상해서 그 친구를 대하는 나의 태도를 적어보세요.

☆ 내 친구의 (   )는 (   )에서 오셨다.

☆ 나는 그 친구를

1 수찬이네 가족은 우리 나라의 보통의 가정과 다른 점이 있습니다. 수찬이네 가족의 특징은 무엇인가요?

☆

2 수찬이네 가족이 나들이를 간 곳은 어디이며 그곳에서 엄마가 가장 관심 있게 본 것은 무엇인가요?

☆

3 수찬이는 점심을 먹고 꾸벅꾸벅 졸았어요. 수찬이는 꿈 속에서 누구를 만났으며 그들은 무엇을 하고 있었나요?

☆ .

4 빈 칸에 알맞은 말을 보기에서 골라 쓰세요.

> 보기 – 천장, 끈, 벽, 천장 받침대, 문, 펠트, 지붕

1) 깨달음을 얻는 남자는 주위를 둘러싼 산을 보고 버드나무를 잘라

           을(를) 만들었어요.

2) 남쪽의 좁은 골짜기를 보고 눈과 폭풍우가 칠 때는 닫히고 화창할 때

    열리는   을(를) 만들었어요.

3) 하늘을 바라보고 하늘의 중심과 눈이 되는 태양을 볼 수 있는

           을(를) 만들었어요.

4) 넓은 초원을 보고 황금빛으로 퍼지는 햇살같은   을

    (를) 만들었어요.

5) 안개와 하늘 위에 떠 있는 구름을 이용해   와(과)

    을(를) 만들었어요.

5 아버지가 돌아가신 후 게르를 조이는 끈이 풀렸을 때 형제들은 어떻게 했나요?

☆

6 끈이 풀리고 게르가 기울어져 쓰러진 후에 형제들은 어떻게 되었나요?

☆

7 고생 끝에 돌아온 형제들이 한 일은 무엇이며, 이를 통해 무엇을 깨닫게 되었을까요?

☆

다양한 맛 즐기기   넓고 깊게 생각해요

1 부모님 중 한 분이 외국인이라면 좋은 점과 불편한 점이 무엇인지 생각해 보세요.

❀ 불편한 점

❀ 좋은 점

2 내가 가보고 싶은 나라는 어디인가요? 그 이유도 함께 써 보세요.

☆ 내가 가보고 싶은 나라는   입니다.

☆ 가고 싶은 이유는

                                          때문이다.

3 이야기를 읽고 몽골의 게르와 우리 나라의 움집의 비슷한 점과 다른 점은 무엇인지 생각해 보세요.

우리 나라의 움집

몽골의 게르

❀ 비슷한 점

❀ 다른 점

1 게르를 조이는 끈이 풀어졌을 때 형제들은 아무도 끈을 묶지 않았어요. 형제들의 태도에 대해 어떻게 생각하나요?

1) 형제들의 태도를 이해할 수 있다.

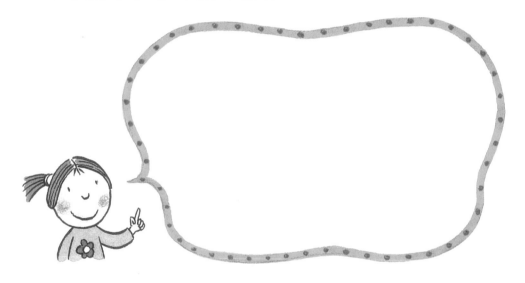

2) 형제들의 태도는 잘못되었다.

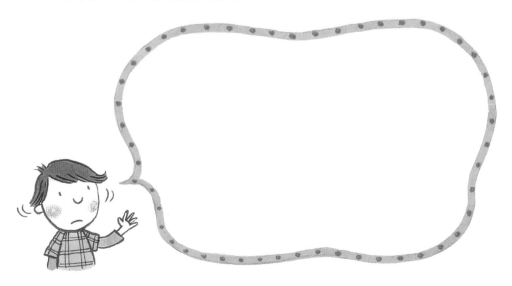

2 일곱 형제 중 누가 끈을 묶어야 한다고 생각하는지 이야기해 보세요.

☆ 끈을 묶어야 하는 사람 :

☆ 그렇게 생각하는 이유 :

3 게르가 무너지자 형제들은 서로 남의 탓만 하고 다투다가 뿔뿔이 흩어졌습니다. 여러분도 이렇게 형제자매들 때문에 화가 나는 경우가 있었을 거예요. 언제 어떤 일로 언니, 오빠, 형, 동생과 다투었는지 발표해 보세요.

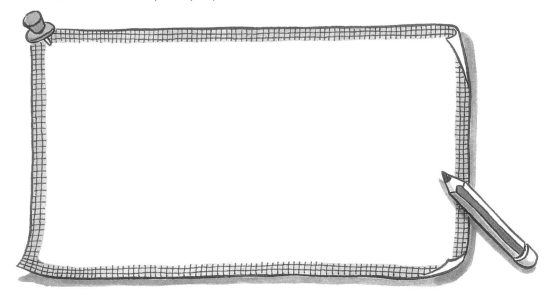

4 형제자매와 싸웠을 때 나만의 화해 비법이 있다면 무엇인지 발표해 보세요.

☆

5 우리 나라의 집과 몽골의 게르는 비슷한 점도 있지만 다른 점이 더 많습니다. 나라마다 집의 모습이 다른 이유는 무엇일까요?

☆

6 수찬이 엄마는 움집을 보고 엄마가 살던 게르와 비슷하다며 반가운 표정으로 이야기합니다. 한국에 살고 있는 수찬이 엄마가 몽골의 문화와 비슷한 것을 발견했을 때의 마음은 어떠할까요?

☆

1 글 〈가〉를 읽고 아버지가 아들 삼 형제에게 나뭇가지를 꺾어보도록 한 이유를 알아보세요. 그리고 글 〈나〉의 아버지가 아들들에게 들려준 말의 뜻이 무엇인지 살펴본 후, 부모님은 자식에게 왜 이런 이야기를 하는 것인지 생각해 보세요.

〈가〉

　옛날 삼 형제를 둔 아버지가 있었습니다. 삼 형제는 서로 싸우기만 하고 자기 것만 챙기기에 바빴습니다. 하루는 아버지가 나뭇가지를 잔뜩 가지고 와서 삼 형제를 불렀습니다. 그리고는 나뭇가지 하나씩을 각각 나눠주고 부러뜨려 보라고 했습니다. 삼 형제는 이까짓 것쯤이야 하는 마음으로 손쉽게 가지를 부러뜨렸습니다. 아버지는 다시 나뭇가지 두 개씩을 나눠주며 부러뜨려 보라고 하였습니다. 삼 형제는 가지를 모두 부러뜨렸지만 하나를 부러뜨릴 때보다는 조금 힘이 들었습니다. 아버지는 다시 나뭇가지를 모두 모아 큰 아들에게 주며 부러뜨려 보라고 하였습니다. 큰 아들은 자신 있게 부러뜨려 보았지만 아무리 힘을 줘도 나뭇가지가 부러지지 않았습니다. 둘째, 셋째 아들도 마찬가지로 나뭇가지를 부러뜨렸습니다. 이 모습을 본 아버지는 세 형제에게 조용히 말씀하셨습니다.

　"나뭇가지가 하나이면 누구나 쉽게 부러뜨릴 수 있다. 하지만 이 가느다란 나뭇가지가 뭉쳐 있으면 쉽게 부러뜨릴 수가 없다. 너희들 각자가 따로 있을 때는 당장은 편해 보이지만 너희들이 함께 하면 어떤 어려움도 함께 이겨낼 수 있을 것이다."

　맨날 싸우기만 했던 삼 형제는 잘못을 뉘우치고 그 후부터 형제간에 서로 도우며 힘을 합쳐 열심히 일해서 그 마을에서 제일 사이좋고 의좋은 형제가 되었습니다.

〈나〉

　"세상의 모든 생명은 태어나는 날이 있으면 죽는 날도 있는 거란다. 이제 나는 벽이 있는 게르에서 바위가 있는 게르로 돌아갈 때가 되었구나. 앞으로 너희는 게르를 조이는 이 끈을 단단히 매고 살아가는 걸 잊지 말아야 한다."

1) 글 〈가〉를 읽고 아버지가 아들 삼 형제에게 나뭇가지를 꺾어보도록 한 이유를 알아 보세요.

2) 글 〈나〉의 아버지가 아들들에게 들려준 말의 뜻이 무엇인지 살펴 보세요.

3) 부모님은 자식에게 왜 이런 이야기를 하는 것인지 생각해 보세요.

2 요즘은 퓨전 음식이 많은 인기를 얻고 있습니다. 다른 나라의 맛과 우리 나라의 맛이 합쳐져서 새로운 맛의 음식이 만들어지는데 그것을 퓨전 음식이라고 합니다. 외국에서는 김치로 만든 피자, 햄버거 등이 인기라고 합니다. 수찬이네 가족처럼 우리 나라에서 살고 있는 외국인들도 점점 많아지고 있고, 우리 나라 음식도 세계적인 음식으로 인기가 많습니다. 우리 나라에 온 외국인을 위해 어떤 퓨전 요리를 만들고 싶은가요?

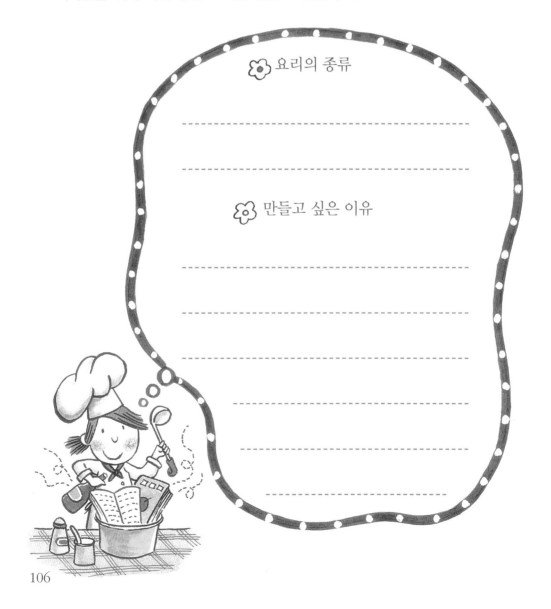

🌸 요리의 종류

🌸 만들고 싶은 이유

3 우리 주변에는 외국인 친구들이 많이 있습니다. 우리 나라에서 살고 있는 외국인 친구들이나 부모님 중 한 분이 외국인인 친구가 한국에서 편하게 살기 위해서 우리가 할 수 있는 일은 어떤 것이 있을까요?

◎ 다문화가정이란 부모 중의 한 사람은 한국인, 다른 한 사람은 외국인인 경우
를 말합니다. 예전보다 우리 주변에 있는 다문화가정의 친구들을 위한 학교도
만들어지고 프로그램도 많이 생기고 있습니다. 주변의 다문화가정의 친구들
에게 관심을 가지고 도와주어야 합니다.

"피부색은 달라도 노랫소리는 똑같아요~~♬"

베트남 일본 몽골 어린이 등 전국 다문화어린이 합창대회

▶ 합창부 대상을 받은 안산 초당초교(왼쪽)와
중창부 대상을 받은 진해 덕산초교

▶ 제1회 전국 다문화 어린이 합창대회가 지난달 30일 서
울 중구 남산국악당에서 열렸다. 중창과 합창 부분에
참가한 총 19개 팀 어린이들이 전통의상을 입고 노래
를 부르고 있다.

◆ 월드컵 땐 "대~한민국" 응원

'김치~' 하는 입 모양을 하고 노래 불렀어요.

지난달 30일 서울 중구 남산국악당에서 열린 '제1회 전국 다문화어린이 합창대회'에는 각국의 전통의상을 입은 어린이들로 북적였다.

베트남 출신 엄마가 만들어 준 흰 '아오자이'(베트남 여성의 전통 의상)를 입은 어린이부터 일본 친척집에서 공수해온 '기모노'를 입은 남자 어린이까지.

무대 뒤 대기실을 찾아 '다문화가정 어린이'의 이야기를 들었다.

◆ "월드컵에서 무조건 한국 응원"

이 대회는 팀원의 50% 이상이 다문화가정 어린이로 구성돼 있으면 참가가 가능하다. 하지만 대기실에서 다문화가정 어린이들을 구별하기는 어려웠다.

방글라데시에서 온 토이몰 군(1학년)은 "매운 음식을 매우 좋아해서 떡볶이를 매일 먹는다"며 "한국 선수들이 누군지 모르지만 남아프리카공화국 월드컵에서 무조건 한국을 응원할 것"이라고 말했다.

서울 재한 몽골학교의 인드라닐 양(14)도 "몽골에서 살았던 어린 시절부터 김치를 먹었다"고 말했다.

"김치가 한국에서 온 것도 알고 있었어요. 몽골에서도 포장지에 한글로 '김치'라고 쓰여 있어요. 지금 제가 제일 좋아하는 음식은 '김치찌개'예요. 사실 몽골 사람들은 말고기, 양고기 등을 좋아하는데 한국인들은 닭고기, 돼지고기를 좋아하잖아요."

하지만 한 어린이는 "다문화가정 어린이냐"고 묻자 손목을 내밀며 이렇게 말했다.

"손목 색이 조금 다르지 않아요? 피부색이 달라 나는 한국인이 아니에요."

사람마다 조금씩 다른 피부색 정도의 차이가 있을 뿐이었지만 어린이는 "확실히 다르다"고 말했다.

〈어린이 동아일보 2010. 6. 1〉

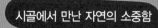 시골에서 만난 자연의 소중함

자연과 함께해요

이동렬 글 | 오은영 그림 | 해피북스

관련 교과

슬기로운 생활 2학년 1학기   7. 동물과 식물은 내 친구
사회 3학년 1학기   1. 고장의 모습 | (2) 고장의 자연과 우리의 생활

관련 매체

도서   어진이의 농장 일기 • 신혜원 글 · 그림 | 창비
         우리 집 베란다에 방울토마토가 자라요 • 박희란 글 · 신명근 그림 | 살림어린이
웹사이트   http://www.nature.go.kr • 국가 생물종 지식정보시스템

어떻게 읽을까요?

1 시골 생활의 좋은 점을 생각하며 읽어요.

2 시골에서 하는 일에는 어떤 것이 있는지 살펴보며 읽어요.

3 여름에 볼 수 있는 작물에는 어떤 것이 있는지 살펴보며
  읽어요.

어떤 내용일까요?

꽃내네 가족은 서울 생활을 하다가 시골에 있는 할아버지
댁으로 내려와 살게 됩니다. 시골에서의 여름은 농사일로 한
창 바쁜 계절입니다. 6월을 맞아 큰산이와 꽃내도 일손을 도
우며 농사일을 배워 갑니다. 고추 말뚝을 나르는 일도 옥수수
비료를 주는 일도 서툴기만 하지만 꽃내는 마냥 즐겁습니다.

큰산이와 꽃내는 전교생이라야 스무 명도 안 되는 분교에
다닙니다. 하지만 가족 같은 분위기로 자연 속에서 공부하는
즐거운 학교이지요. 사람과 사귀기 어려워하여 일부러 서울
서 전학 온 영수도 물놀이 수업 중에 말문이 트였습니다.

7월이 되어 날씨가 더워지고 장마가 다가오면서 농사일은
더욱 바쁘기만 합니다. 꽃내네 가족은 호박과 오이도 따고,
감자도 캐고, 참외, 수박도 따며, 흐뭇한 시간을 보냅니다.

어느새 방학이 되어 고모와 사촌 오빠가 놀러 왔습니다. 신나
게 경운기도 타고 함께 옥수수도 땁니다. 도시에서는 보기 힘
든 하늘 가득한 별을 보며 평화롭고 행복한 잠자리에 듭니다.

꽃내네 가족의 시골 생활 이야기가 끝나면 뒤편에 있는 〈여
름이 들려주는 감자·옥수수·고추 이야기〉를 읽을 수 있습
니다.

농작물 이야기

감자

- 서늘한 기후에서 잘 자랍니다.
- 꽃 색깔은 흰색과 연보라색이며 꽃은 별 모양입니다.
- 노르스름한 색을 띠는 것이 있는가 하면, 보라색, 분홍빛을 띠는 것도 있습니다.
- 튀김 같은 간식과 과자의 재료로 많이 쓰입니다.

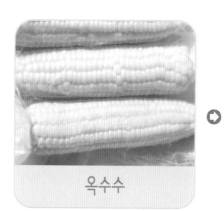

옥수수

- 여름에 꽃이 피는데 수꽃은 줄기 끝에 달리며 흰색에 가깝습니다.
- 암꽃은 분홍색에 가까운 실 모양으로 여러 개가 뻗어 나와 있습니다.
- 1~4미터 정도로 키가 큽니다.
- 비탈진 밭에 재배하기 좋아 산골에서 많이 심습니다.

고추

- 요즘은 비닐하우스 속에서 많이 키웁니다.
- 우리나라에는 일본을 거쳐 들어왔다는 기록이 있어 '왜겨자'라고도 했답니다.
- 바람에 쓰러지기 쉬우므로 말뚝을 박고 줄로 동여매 줍니다.
- 초록색이었던 열매는 빨갛게 익습니다.

1 '시골' 하면 떠오르는 것은 무엇입니까?

☆

2 다음은 이 책에서 큰산이가 공부한 풀과 야생화입니다. 여러분은 이 중 생김새를 알고 있는 것은 몇 가지나 되나요? 생김새를 아는 식물 하나를 골라 그려 보세요. 책이나 인터넷을 찾아보며 그려도 좋습니다.

애기똥풀, 강아지풀,
소루쟁이, 제비꽃,
쑥, 질경이, 씀바귀,
금낭화, 함박꽃,
꽃다지, 개귀리,
까치수영, 둥글래,
양지꽃

3 시골에 갔을 때, 농촌 체험이나 주말 농장, 식물 가꾸기 등으로 농사일을 한 번쯤은 경험해 보았을 거예요. 그런 경험이 있다면 어떤 일을 했었는지 그 때 어떤 생각이 들었는지 떠올려 보세요. 만약 전혀 경험이 없다면 내가 해 보고 싶은 농사일은 무엇인지, 왜 그 일이 하고 싶은지 밝혀 보세요.

차근차근 맛보기   내용을 이해해요

1 꽃내 엄마가 고추 말뚝을 박는 이유는 무엇이라고 설명해 주셨나요? 꽃내
   엄마의 설명과 다음 그림을 참고하여 써 보세요.

☆

2 다음에서 설명하는 식물 이름과 새 이름을 써 보세요.

- 줄기가 굵고 뻣뻣하며 센 가지와 털이 나 있는 꽃
- 끝에는 보라색 나는 꽃봉오리가 맺혀 있음
- 영국스코틀랜드 지방의 나라꽃

- 8월쯤 이삭이 자라 노랗게 여물음
- 이 식물의 이삭을 타작해서 껍질을 벗기면 밥을 해
  먹는 쌀이 됨

- 남쪽에서 여름에만 우리나라로 오는 새
- 농약 때문에 보기가 드물어 천연기념물이 되었음
- 수컷의 울음소리를 본 따서 이름을 만든 새

3 영수 엄마는 영수가 서울에서 시골로 이사 온 이유가 무엇이라고 하였나요?

4 영수는 물놀이 수업 중에 처음 말문을 열었습니다. 영수가 처음 한 말은 "아아, 징그러워! 뱀이닷!"이었는데요. 무슨 일이 있었기에 이런 말을 하게 되었나요?

☆

5 꽃내 할머니는 뽕나무가 예전과 요즘에 쓰임새가 달라졌다고 설명하였습니다. 뽕나무가 어떻게 쓰였는지 비교하여 설명해 보세요.

시 간	사용한 부위	쓰임새
옛 날	주로 뽕나무 잎을 사용함	
요즈음	주로 뽕나무 열매인 를 사용함	

6 꽃내 할아버지는 옥수수를 딸 때 먹기에 알맞은 옥수수는 어떤 것이라고 하셨나요?

☆

1 할머니 댁이 시골인 친구들은 명절이나 방학에 시골에 갑니다. 시골에 있을 때 가장 좋았던 점은 무엇인가요? 만약 할머니 댁이 도시인 친구들은 시골로 놀러갔을 때 어떤 점이 좋았는지 생각해 보세요.

☆

2 다음 글에 나오는 큰산이와 꽃내의 대화를 살펴보고 농사짓는 일이 왜 힘든지 생각해 보세요.

> "장마철이 되면 곡식한테 좋은가요, 나쁜가요?"
> "나쁘지. 잘 자라던 곡식이 떠내려가거나 쓰러져 죽는 일도 생기니까 말이야."
> 큰산이 오빠가 먼저 나서서 말했어요.
> "오빠 말이 맞아. 장마가 지면 좋은 점보다는 나쁜 점이 더 많아. 그래서 농사가 잘 되려면 적당한 시기에 비가 알맞게 내려야 되는 거야. 너무 가물어도 못 쓰고 너무 비가 와도 못 써."

3 서울에서 전학 온 영수는 친구들과 잘 어울리지 못하고 말을 거의 하지 않습니다. 여러분이 영수의 친구라면 영수가 더 활발해질 수 있도록 하기 위해 어떤 노력을 할 수 있나요?

☆

4 이 글을 보면 꽃내네 아빠는 암에 걸려 치료중임을 알 수 있습니다. 아마 아빠의 병 때문에 시골로 전학을 온 것일 수도 있습니다. 아빠가 암에 걸렸다는 것을 알았을 때 꽃내와 큰산이는 아빠에게 무슨 말을 했을지 상상하여 적어 보세요.

5 맑은 날 밤 또는 한적한 시골에서 하늘 가득한 별을 본 적이 있나요? 쏟아
질 듯한 별을 보면 무슨 생각이 드나요?

독서토론을 해요

1 여러분은 도시에 살고 싶나요, 시골에 살고 싶은가요? 아래의 도시 생활과
시골 생활의 장점을 참고하여 자신의 생각을 밝혀 보세요.

───────── 〈 도시 생활의 장점 〉 ─────────

❀ 병원, 슈퍼마켓, 관공서, 은행, 백화점 등 시설이 잘 갖추어져 있
어 가까운 곳에서 편하게 할 일을 할 수 있다.
❀ 대중교통 시설이 잘 갖추어져 있고, 도로가 잘 정비되어 교통이
편리하다.
❀ 학교나 학원 등 교육시설이 잘 갖추어져 있어 양질의 교육을 받을
수 있다.

───────── 〈 시골 생활의 장점 〉 ─────────

❀ 공기가 좋고 물이 맑아 기관지나 피부 등 도시 생활로 인한 병이
잘 생기지 않는다.
❀ 동식물을 관찰하고 기르며 자연에서 직접 배울 수 있는 것들이 많다.
❀ 도시에 비해 나만의 시간이 많아 여유로운 생활을 할 수 있다.
❀ 이웃과 서로 잘 알고 지내며 인심이 좋다.

☆ 도시에 살고 싶다. / 시골에 살고 싶다.

┅┅▶

_____

_____

_____

_____

2 할머니, 할아버지, 부모님 또는 고모나 이모 등과 함께 대가족으로 사는 것이 좋은가요, 좋지 않은가요? 이유를 들어 자신의 생각을 밝혀 보세요.

1) 대가족이 좋다.

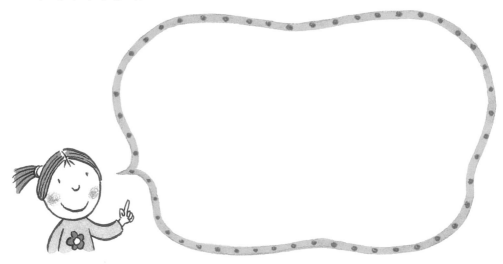

2) 대가족은 좋지 않다.

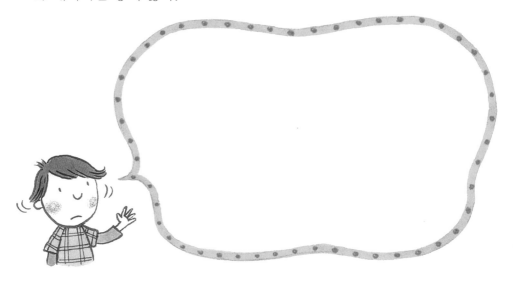

요리하는 재미　　글쓰기를 해요

1 꽃내네는 아버지가 편찮으신 뒤 아래 글 **1** 번에서 **2** 번으로 생각이 바뀌었습니다. 여러분은 다음 중 어떤 생각이 옳다고 생각하나요? 한 가지를 선택한 후, 여러분이 생각하는 행복은 무엇인지 써 보세요.

> **1** "사람은 넓은 곳에서 살아야 해. 많은 사람과 부대끼며 배우고 성장하고 경쟁해서 성공해야지. 나중에 돈도 많이 벌고 명예도 얻고 나면 열심히 살길 잘 했다고 생각할 거야."
>
> **2** "복잡하고 정신없이 살아도 남는 게 없어. 그냥 주변 사람들과 사랑하며 편안하게 살아가는 게 좋아. 공기 좋고 물 좋은 곳에서 사랑하는 사람들과 허름한 집 한 채만 있으면 더 바랄 게 없는 거지."

❀ 내가 선택한 생각 : 　　　　번

❀ 그 이유 :

_____

_____

❀ 내가 생각하는 행복 :

_____

_____

2 다음 영수 어머니의 말을 듣고, 어머니의 마음이 어땠을지 생각해 보세요. 그리고 여러분이 영수의 친구가 되어 영수 어머니께 위로의 편지를 써 보세요.

> "얘들아, 나는 오늘 너희 반에 전학 온 영수 엄마란다. 우리 영수가 사람 사귀기를 두려워하고 잘 어울리지를 못하거든. 그래서 시골에 와서 자연과 어울리고 너희들과 재미있게 놀면 나을 것 같아서 이사를 왔어. 그러니 너희들은 우리 영수가 좀 색다른 친구지만 잘 대해 주기 바란다. 잘 부탁한다."
>
> "……!"
>
> "너희들은 우리 불쌍한 영수를 고쳐 주는 의사라고 생각하고 친하게 대해 주기 바란다. 이 아줌마의 간절한 부탁이니 꼭 들어줄 거지?"

✿ 어머니의 마음 :

✿ 위로의 편지

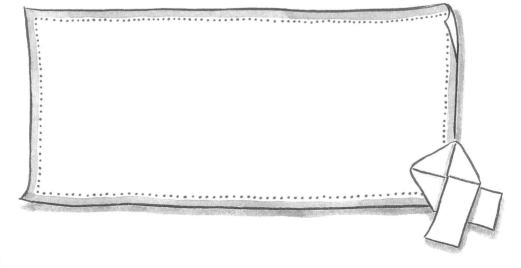

3 꽃내네 부모님은 큰산이와 꽃내에게 학교가 끝나고 학원을 가거나 공부를 시키지 않고 농사일을 도우라고 하십니다. 학교 성적이나 공부에는 크게 관심이 없어 보입니다. 이렇게 집안일이나 농사일을 많이 시키시는 부모님에 대한 여러분의 생각은 어떤가요? 여러분의 입장을 정하여 꽃내 부모님께 보내는 시를 한 편을 지어 보세요.

🌸 나의 입장에 ◯표 해 보세요. 그리고 그 까닭을 써 보세요.

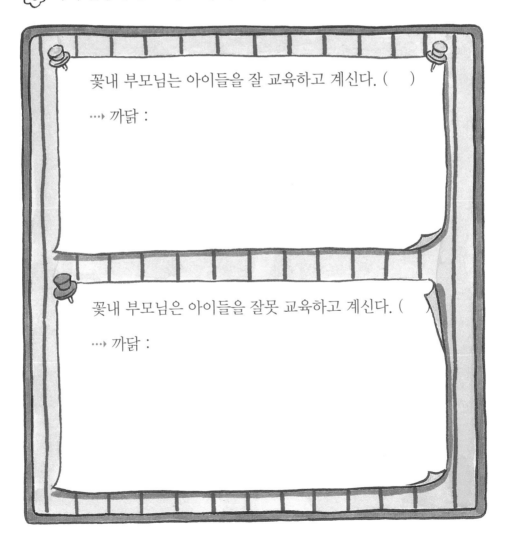

꽃내 부모님는 아이들을 잘 교육하고 계신다. (　　)

⋯➡ 까닭 :

꽃내 부모님은 아이들을 잘못 교육하고 계신다. (　　)

⋯➡ 까닭 :

❀ 꽃내 부모님께 보내는 시

제목 :

◎ 이 책에는 우리에게 익숙하지 않은 농사 용어가 나옵니다. 그림을 살펴보며
농사와 관련된 말의 의미를 알아봅시다.

		의 미
두둑		논이나 밭을 갈아 골을 타서 만든 약간 높은 바닥
북을 주다		흙으로 식물의 뿌리를 덮어 주는 것
순지르기		너무 자란 싹의 순을 가위나 칼로 잘라내는 일
배동		곡식의 이삭이 나오려고 대가 불룩해지는 현상
다래끼		입구가 좁고 바닥이 넓은 싸리나무로 만든 바구니

진화이야기 속에 담긴
생명의 신비

박테리아 할머니
물고기 할아버지

김성화 · 권수진 글 | 임선영 그림 | 창비

관련 교과

슬기로운 생활 2학년 1학기   7. 동물과 식물은 내 친구
과학 3학년 2학기   2. 동물의 세계

관련 매체

도서   WHO 찰스 다윈 · 안형모 | 다산어린이
박물관   서대문자연사박물관 • http://namu.sdm.go.kr/
          경보화석박물관 • http://www.hwasuk.com/

어떻게 읽을까요?

1 사람이 처음 어떻게 생겼는지 생각해 보며 읽어요.

2 사람이 살기 전 지구에는 어떤 생물이 살았는지 생각해 보며 읽어요.

3 다윈은 어떤 사람이고, 무슨 연구를 했는지 알아보며 읽어요.

어떤 내용일까요?

이 책은 '처음 인간은 어떻게 생겨났을까?' 라는 물음에 차근차근 대답을 해 주고 있습니다.

1부에서는 인류의 조상인 오스트랄로피테쿠스, 호모 하빌리스, 호모 에렉투스의 삶을 알아보고, 포유류의 조상이 누구인지 설명해 주고 있습니다.

2부에서는 지구에 최초의 생명 탄생에서 시작하여 원생생물 시기, 다양한 바다 생물의 출현, 물고기가 육지에 올라온 사연 등 다양한 생명 진화의 과정을 이야기해 주고 있습니다.

3부에서는 진화론을 주장한 찰스 다윈의 어린 시절과 진화에 관심을 갖게 된 과정을 들려줍니다. 그러면서 다윈이 생각한 진화론은 무엇인지 생각해 보게 합니다.

책의 뒤편에는 '생명의 나무' 를 보여주고 있습니다. 36억년 전부터 진화 과정을 한눈에 알아볼 수 있는 그림이지요.

이 책에는 처음 듣는 용어가 많아 다소 어렵게 느낄 수도 있겠지만 다 읽고 나면 신기하고 재미있는 생명의 신비에 대해 깨닫게 될 것입니다.

신기한 진화 이야기

1 원시인의 생김새나 생활에 대해 생각해 본 적이 있나요? '원시인'하면 떠오르는 것들을 세 가지 이상 적어 보세요.

☆

2 앞에서 보여 준 '신기한 진화 이야기'는 시대별로 번성했던 생물의 종류를 나타내주고 있습니다. 여러 시대 중 여러분이 가장 가 보고 싶은 시대는 언제이며, 그 이유는 무엇인가요?

☆

☆

3 우리 인간의 조상이 '쥐'와 비슷하게 생긴 동물이라는 말을 듣는다면 어떤 생각이 들겠나요?

☆

4 여러분도 다윈처럼 식물이나 동물 채집을 해 본 경험이 있을 거예요. 어떤 식물이나 동물이었나요? 그 때 무슨 생각이 들었나요? 만약 경험이 없다면 채집하고 싶은 식물이나 동물을 생각해 보세요.

1 오스트랄로피테쿠스가 그 이전의 원숭이들과 다른 점은 무엇인가요?

☆

2 다음 내용을 보고, 맞으면 O, 틀리면 ✕표 하세요. 만약 설명이 틀리면 어떤 점이 틀렸는지 고쳐서 다시 써 보세요.

1) 과학자들이 머나먼 옛날 일을 알 수 있는 건 화석을 통해서이다. (   )

2) 오스트랄로피테쿠스의 화석 '루시'는 최초의 인간이다. (   )

3) 호모 에렉투스는 '똑바로 서는 사람'이라는 의미로 완전히 똑바로 설 수 있었으며, 인류 최초로 도구를 사용했다. (   )

4) 유전자가 있는 최초의 생명체는 박테리아이다. (   )

…▶

3 물고기는 바다에 사는 생물 가운데 우리와 가장 가까운 조상입니다. 그 이유는 무엇인가요?

☆

4 물고기들이 가뭄이 들고 늪이 완전히 말라버렸음에도 살 수 있었던 것은 어떠한 변화가 있었기 때문입니까? '어류'와는 다른 '양서류'의 특징을 생각하며 답해 보세요.

☆

5 지구를 점령한 거대한 파충류가 멸종했을 때 작은 쥐가 용케 살아남을 수 있었던 이유는 무엇일까요?

☆

6 1831년 신학교를 졸업하고 성직자가 되려고 할 때, 다윈의 인생을 바꿀 중요한 소식이 있었습니다. 이로 인해 다윈이 유명한 자연학자가 될 기회를 얻는데, 이 소식은 무엇인가요?

1 지은이는 과학, 특히 우주나 생명의 역사 등을 공부하면 인간은 더욱 겸손해
  질 수 있다고 했는데요. 겸손해질 수 있는 이유는 무엇인가요?

☆

2 생물들은 아래와 같이 왜 자꾸 변하게 되었을까요?

  까마득한 옛날부터 지금까지 생물들은 변하고 또 변했어. 박테리아도
  바다 벌레도 물고기도 양서류도 파충류도 포유동물도 원숭이도 오스
  트랄로피테쿠스도 변하고 변해서 지금의 모습이 되었단다.

☆

3 다윈이 훌륭한 자연학자가 될 수 있었던 이유를 다윈의 어린 시절을 중심으
  로 두 가지 이상 들어 보세요.

☆

4 다음은 이 책의 지은이가 여러분에게 해 주고 싶은 말 중 일부입니다. 여러분도 이 글을 읽고 원시인에 대한 생각이 바뀌어 원시인에게 감사해야겠다는 생각이 들었나요? 자신의 입장을 정해 이유를 들어 생각을 밝혀 보세요.

> 위대한 원시인에게 감사하자. 우리 몸속에도 그 옛날 원시인의 유전자가 흐르고 있어! 아이들은 원시인하고 똑같아. 발가벗고 물속에서 노는 걸 좋아하고 나무 타기를 좋아하고 바깥에서 노는 것을 훨씬 더 좋아하잖아? 모험심이 강한 것은 말할 것도 없고!

❀ 위대한 원시인에게 감사해야 한다.

_____

_____

❀ 원시인이 위대하다고 생각하지 않는다.

_____

_____

_____

_____

5 여러분도 아래 지은이의 말과 같이 자연과 함께 있다는 경험을 해 본 적이 있나요? 식물이나 동물이 있어서 외롭지 않거나, 위로가 된 경험이 있으면 써 보세요.

> 이것만은 꼭 기억해 주었으면 좋겠구나. 너는 결코 혼자가 아니라는 것 말이야. 자연에 살아 있는 식물과 동물과 옛 인류의 조상과 하늘의 별과 달과 우주의 모든 것이 너와 연결되어 있고 언제나 너와 함께 있다는 것을 잊지 말기를!

1 다음 두 가지 중 한 가지만을 선택해야 한다면 여러분은 어떤 것을 선택할 것인가요? 하나를 선택하고 여러분이 생각하는 진정한 행복은 무엇인지 이야기해 보세요.

> **1** 아버지의 뜻대로 내가 의사나 성직자가 되면 사람들에게 존경과 인정을 받고 돈을 많이 벌 수 있어. 그리고 열심히 노력하면 유명해질 수도 있어. 사실 내가 정말 하고 싶은 일은 아니지만 편안히 살기 위해 해야 해.
>
> **2** 내가 정말 하고 싶은 탐험가의 길을 가면 돈도 많이 벌 수 없고, 고생을 할 수도 있고, 사람들이 날 무시할지도 몰라. 평안한 가정을 꾸리기 힘들지도 모르지. 하지만 난 그 일이 정말 하고 싶은 걸. 난 탐험을 할 때 가슴이 뛰어. 탐험의 길을 가겠어.

❀ 나의 선택 :   번

❀ 선택한 이유 :

_____

_____

❀ 내가 생각하는 진정한 행복이란?

_____

_____

2 여러분은 진화론과 창조론 중 어느 것이 옳다고 생각하나요? 다음 글을 읽고 자신의 입장을 정해 생각을 밝혀 보세요.

───────〈창조론〉───────

신이 아니라면 이렇게 멋지고 정교하게 생물들이 만들어질 수 없어. 신은 처음부터 따로따로 수많은 생물을 만드셨어. 그중에 으뜸은 인간이야! 신이 꽃과 나비와 원숭이와 사자와 개와 고양이를 특별히 인간을 위해 만들어 주셨어.

───────〈진화론〉───────

다윈은 이 세상에 우리가 다 알지도 못하는 신기한 생물이 엄청나게 많이 있다는 걸 알게 되었지. 인간을 위해서 신이 이런 것을 만들어 주었다면, 왜 우리가 알지도 못하는 식물과 동물이 자연에 넘쳐나고 있을까. 왜 어떤 동물들은 전에는 있었는데 지금은 없는 걸까.

1) 창조론이 옳다.

2) 진화론이 옳다.

1 여러분은 '호모 하빌리스'입니다. 다음 글을 읽고, 호모 하빌리스의 하루 일과를 상상하여 일기를 써 보세요.

> 호모 하빌리스는 돌을 날카롭게 해서 가죽을 벗겨 내고 고기를 잘라 먹을 줄 알았어.
> 또 오스트랄로피테쿠스와는 다르게 호모 하빌리스는 집이 있었단다! 우리의 집처럼 지붕이 있고 문이 있는 집은 아니었지만 가족끼리 친척끼리 한곳에 모여서 살았어. 개울이 있고, 나무가 우거진 곳에 터를 잡고서 사냥한 동물이나 주워 모은 씨앗, 과일, 열매를 집에 가져와 나누어 먹었지.

2 '진화'의 뜻에 대해 알기 쉽게 친구들에게 설명해 보세요. 단, 다음 조건이 들어가도록 설명하는 글을 써 보세요.

❀ 처음 진화의 뜻을 한 마디로 정리한 후 설명을 시작하세요.
❀ 책을 참고하여 동물의 예를 들어 자세히 설명해 주세요.

3 다음 동물학대에 관한 기사를 읽고, 동물을 괴롭히는 사람들에게 생명의 소
중함에 대해 알려 주세요. 이 책에 나타난 '지은이의 생각'을 참고하여 생명
의 소중함을 알리는 글을 써 보세요.

❀ 미니홈피에 고양이가 두 마리의 개들에게 물어뜯기다 죽는 모습이
담겨 있어 화제가 되었다. 이 일을 벌인 김 씨는 진돗개를 훈련시킨
다는 이유로 고양이를 진돗개 우리에 집어넣은 것으로 알려졌다.

❀ 한 오피스텔에서 20대 여성은 박모 씨의 고양이 '은비'를 폭행한 뒤
10층 높이에서 던졌다. 당시 고양이를 구타하는 20대 여성의 모습이
담긴 CCTV 화면이 인터넷에 공개되었다.

〈 지은이의 생각 〉

진화란 무엇이 무엇보다 더 고등하게 발전하는 것이 아니라, 생물들
이 자기가 사는 환경에 알맞게 다양하게 변해 가는 것이기 때문이야.
물고기는 물속에서 살고, 개미는 땅속에서 살고, 뱀은 숲 속에서 살
고, 원숭이는 나무에 살고, 사람은 땅에 살고, 박테리아는 모든 곳에
살고! 모두모두 자기가 사는 곳에 따라 훌륭하게 진화했으니 박수를
보내 주어야 한단다.

◎ 화석 속 생물이 살아서…

다음 화석 속의 생물들은 진화의 과정에 있어 의미를 갖고 있는 것들입니다. 다음 화석이 하는 말을 잘 듣고, 화석에게 어떤 말을 거는지 읽어 보세요. 그리고 여러분은 화석에게 어떤 말을 건네고 싶은지 생각해 보세요.

화 석	화석의 이야기	화석에게 말걸기
	〈오스트랄로피테쿠스〉 우리는 다른 원숭이들과 달리 두 발로 걸어 다닐 수 있습니다. 손으로 수풀도 헤쳐 다니고 새끼도 꼭 안아 줄 수 있지요.	안녕하세요? 조상님. 열심히 살아주셔서 이렇게 저희까지 대를 잇게 해 주신 점 정말 감사드립니다. 고생 많으셨습니다.
	〈삼엽충〉 5억년 전 지구의 바다 속에 셀 수 없이 많이 살았던 생물입니다. 그러나 바다가 얕아지고 빙하기가 찾아오며 지금은 존재하지 않지요.	삼엽충아! 지금은 없다니 안타깝구나. 빙하기가 왔을 때 얼마나 고통스러웠을까? 5억년 전으로 돌아가서 너를 데려오고 싶다.
	〈오징어〉 6억 년 전부터 땅이 변하고 기후가 변해도 살아남았습니다. 지구에 잘 적응했기 때문이지요.	대단하다 오징어야! 장하다 오징어야! 평소에 오징어를 좋아하는데 네가 6억 년 전부터 끈질기게 살아남은 멋진 친구인 걸 몰랐어. 계속 좋아해줄게.

메 모 장

나, 화가가 되고 싶어!

윤여림 글 | 정현지 그림 | 웅진주니어

관련 교과

국어	2학년 2학기	1. 느낌을 나누어요
국어	3학년 2학기	6. 서로의 생각을 나누어요

관련 매체

도서	여자는 힘이 세다 • 유영소 글 · 원유미 그림	교학사
	소록도 큰할매 작은할매 • 강무홍 글 · 장호 그림	웅진주니어
웹사이트	http://yunsuknam.com/ • 윤석남 화가 소개 및 갤러리
	http://art500.arko.or.kr/yunsuknam/

어떻게 읽을까요?

1 꿈을 포기하지 않고 끊임없이 도전하는 윤석남의 삶을 살펴보며 읽어요.

2 여러분의 꿈을 머리에 떠올리며, 그 꿈을 이루기 위해서 는 어떻게 해야 하는지 생각하며 읽어요.

3 책 곳곳에 담긴 윤석남의 작품을 감상하며 읽어요.

어떤 내용일까요?

　나는 6남매의 셋째 딸로 태어나 책을 좋아하며 마음 가는 대로 생활하던 소녀였습니다. 그러던 어느 날, 나는 화가의 꿈을 갖게 되었습니다. 그러나 아버지가 돌아가시고 형편이 어려워진 나는 회사를 다니며 꿈을 접어야 했습니다. 그러다 결혼을 하고, 아내가 되고 며느리가 되었습니다. 또 엄마가 되어 평범한 하루하루를 살아갔습니다.

　그러던 중 나는 잃어버린 꿈을 찾고 싶었습니다. 그래서 마 흔이 넘어 화가가 되었습니다. 화가가 된 후 나는 나의 엄마 를 그리고 이 땅의 여성들을 표현했습니다. 열심히 그리고 또 그린 나는 한국 여성 미술계를 대표하는 작가이자 유명한 여 성 운동가가 되었습니다.

　'나'는 화가 윤석남입니다. 이 이야기를 통해 역경과 어려 움 속에서도 꿈을 잃지 않는다면 언젠가는 반드시 그 꿈을 이 룰 수 있다는 희망을 알게 됩니다. 우리 어린이들도 자신의 꿈을 잃지 않고 포기하지 않는다면 분명 이룰 수 있음을 기억 해야 할 것입니다.

윤석남의 작품세계

제목 : 낮과 밤 (1995년)

집에서 어머니의 장소란 부엌인 경우가 많지요. 그래서 작가는 식탁, 의자, 소파 등을 어머니의 공간으로 표현합니다. 편안하고 행복하지 않은…….

제목 : 어머니 (1995년)

한평생 가족을 위해 희생한 어머니의 모습을 나타낸 것으로 뾰족한 의자는 어머니의 삶이 편안하지 않음을 보여줍니다.

제목 : 999 (1997년)

1997년 '빛의 파종'이라는 전시회에서 위와 같은 여성 목조상을 999명이나 설치하였습니다. 999라는 숫자는 여성의 삶이 1000이라는 완전한수에서 하나 모자란 수로 그 '1'이라는 차이를 줄이는 것이 어려운 일이라는 것을 말하고 싶었다고 합니다.

제목 : 1025 (2008년)

버려진 개들을 돌보는 할머니에 관한 뉴스를 접하고, 인간에 의해 버림받은 개들의 영혼을 위로했던 작품입니다. 무려 5년의 시간동안 1025마리나 되는 개들을 만들어 그 영혼을 돌보아 주셨답니다.

1 '어머니'라는 말을 들으면 떠오르는 것들은 무엇인가요?

☆

2 나의 어머니께서 가족을 위해 하시는 일과 자기 자신을 위해 하시는 일 중 어느 것이 많다고 생각하나요? 다음 표에 정리해 보세요.

가족을 위해 하시는 일	자기 자신을 위해 하시는 일
예) 밥 짓기	예) 독서
나의 어머니께서는 (	)을 위해 하시는 일이 많습니다.

3 여러분의 꿈은 무엇이며, 왜 그러한 꿈을 갖게 되었는지 소개해 보세요.

☆

1 윤석남 선생님은 어린 시절에 왜 학교에 자주 지각을 하게 되었는지 알아보고, 이 일로 선생님의 성격이나 습관이 어떠한지 짐작해 보세요.

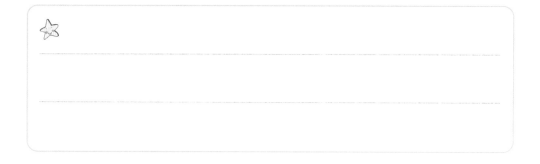

2 윤석남 선생님은 화가가 되고 싶었지만 그럴 수 없었어요. 선생님이 화가의 꿈을 버려야만 했던 이유는 무엇인가요?

3 이야기 속 주인공, 윤석남 선생님이 아내가 되고 며느리가 되어 주로 하는 일은 무엇이었나요?

4 윤석남 선생님이 '작은 점이 되어 이대로 사라지고 말 것 같아.'라고 말한 이유는 무엇일까요?

⭐

5 다음은 윤석남 선생님이 화가가 되어 그린 엄마의 모습입니다. 주인공이 그리고 싶었던 엄마의 모습은 어떤 모습인가요?

6 이야기 속 주인공이 가장 행복할 때는 언제이며, 그 이유는 무엇인가요?

⭐

1 주인공의 어린 시절에는 많은 사람들이 아들을 낳기를 간절히 원하였습니다. 왜 그랬나요?

☆

2 다음은 윤석남 선생님이 어린 시절에 즐기던 여러 가지 일들입니다. 여러분은 현재 무엇을 하며 즐거움을 얻고 있나요?

- 그림 그리기
- 그네 타고 하늘에 닿기
- 토끼보다 더 빨리 뛰기
- 물에서 하루 종일 헤엄치기
- 아빠 서재에서 하루 종일 틀어박혀 책만 읽기
- 학교 가는 길에 목화송이 들여다보고 또 들여다보기
- 학교 끝나고 강둑에 누워 꽃과 풀과 하늘을 올려다보고 또 올려다보기
- 남자 아이보다 나무 높이 오르기

3 윤석남 선생님은 아버지가 돌아가신 뒤, 고생하는 어머니와 가족을 위해 꿈을 포기합니다. 여러분의 언니나 누나가 가족을 위해 꿈을 포기한다면 어떻게 격려나 충고의 말을 해 줄 수 있겠습니까?

☆

4 다음은 윤석남 선생님이 어린 시절부터 화가가 되기까지 겪은 일들입니다. 여러분이라면 그 상황에 어떤 마음이 들겠는지 써 보세요.

일어난 일	어떤 마음일까요?
부모님이 셋째 딸인 내 다음 동생이 아들이길 간절히 바랄 때	
화가가 되고 싶은 꿈이 생겼을 때	
아버지가 돌아가셨을 때	
늦은 나이에 그림을 그리기 시작할 때	
자신의 작품이 많은 사람의 사랑을 받을 때	

독서토론을 해요

1 윤석남 선생님은 어머니가 되고서 꿈을 이루기 위해 노력했어요. 여러분 어머니와 같은 가정주부가 아내로 며느리로 어머니로 할 일이 많은데 자신의 꿈을 이루기 위해 노력하는 일에 대하여 어떻게 생각하는지 근거를 들어 발표해 보세요.

2 다음은 이야기 속 주인공인 작가 윤석남이 여러분에게 남긴 말 중 일부입니다. 여러분은 지금 온 마음을 다해 열심히 하고 싶은 게 무엇인가요? 실제로 온 마음을 다해 열심히 하고 있나요? 그렇지 않다면 왜 그런지 이유를 들어 발표해 보세요.

놀고 싶으면 열심히 노세요.
공부하고 싶으면 열심히 공부하세요.
책을 읽고 싶으면 열심히 책을 읽으세요.
알고 싶으면 열심히 질문하세요. 열심히 답을 찾으세요.
그게 무엇이든 하고 싶은 게 있으면 온 마음을 다해 열심히 하세요.

3 여러분 생각에 현재 여러분이 살고 있는 사회에서는 남녀가 평등한가요? 자신의 입장을 정해 그 이유와 함께 이야기해 보세요.

1) 아직 평등하지 않다고 생각한다.

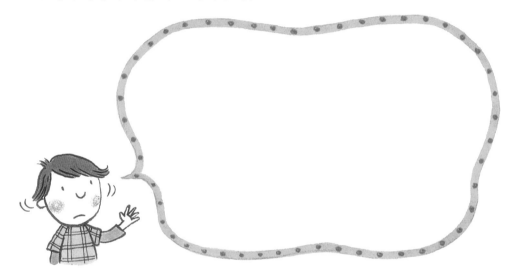

2) 평등하다고 생각한다.

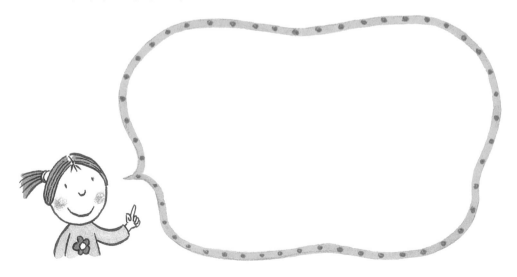

4 윤석남의 어머니처럼 많은 어머니들이 평생 자식만을 바라보며 희생합니다. 자신을 희생하며 사는 어머니에 대해 어떻게 생각하나요? 다음 두 가지 중에 자신의 입장을 생각해 보고, 이유를 들어 생각을 밝혀 보세요.

1) 자신의 꿈을 접고 가족을 위해 희생하는 어머니의 모습이 아름답다.

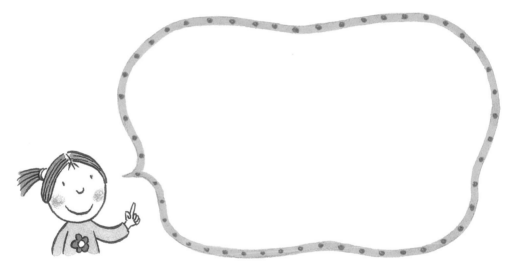

2) 자신보다는 가족을 위해 희생하는 어머니의 모습은 바람직하지 않다.

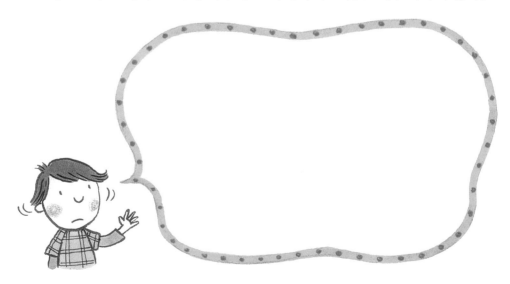

요리하는 재미 **글쓰기를 해요**

1 다음 두 가지 삶의 모습을 정리해 보고, 어떤 삶이 더 바람직하다고 생각하는지 써 보세요. 더 훌륭하다고 생각하는 삶을 하나 선택한 후, 왜 그것이 훌륭해 보이는지 근거를 들어 써 보고, 여러분은 어떻게 살고 싶은지 생각해 보세요.

1 열심히 노력하여 자신의 꿈을 이룬 김연아

7살에 피겨스케이팅 특강을 통해 뛰어난 재능이 있음을 알고 스케이트를 접한 김연아 선수. 10년 넘게 피겨스케이트의 길을 걸어오면서 고비가 많았습니다. 운동하는 로봇이 된 것 같은 심리적 어려움, 경제적인 어려움과 잦은 부상, 발에 맞지 않은 스케이트화, 불공정한 판정 등이 김연아를 끊임없이 괴롭혔습니다.

그 고비를 이기고 김연아는 세계 최고가 되었고 많은 이들에게 아름다움과 감동을 선물해 주었습니다.

2 다른 사람을 위해 희생하는 삶을 산 슈바이처

잘 사는 집안에서 남부러울 것 없이 자란 슈바이처는 명예와 부를 포기하고 힘없고 약한 사람을 위해 평생을 바칩니다.

슈바이처는 아프리카 사람들이 노예처럼 살며 작은 병에 걸려도 쉽게 죽어버리는 광경을 보고 그들을 위해 의사가 됩니다. 아무것도 없는 불편하기 짝이 없는 아프리카에 가서 수많은 고난과 역경 속에서도 그들을 돌봐 줍니다.

슈바이처는 노벨상을 받을 때에도 상을 받으러 가면 아픈 사람이 치료를 받지 못한다며 못 가겠다고 하여 다시 한 번 감동을 선물해 주고, 많은 이들의 존경을 받았습니다.

🌸 김연아는 어떤 삶을 살고 있나요?

_____

_____

🌸 슈바이처는 어떤 삶을 살았나요?

_____

_____

🌸 나는 어떤 삶을 살 것인가요?

요리하는 재미 **글쓰기를 해요**

윤석남의 작품에 말 걸기

2 다음 작품을 자세히 보고, 작품 속 어머니, 의자, 개에게 느껴지는 생각이나 궁금한 점을 이야기해 보세요. 작품 속의 대상이 곁에 있다고 생각하고 말을 걸어 보세요.

'너무 바쁜' (1985)
아기 돌보랴 집안일 하랴 시장에서 장사 하랴 너무나 바쁜 어머니의 모습을 나타 내고 있습니다. 힘든 어머니의 눈물 한 방 울이 보이네요.

〈너무 바쁜 어머니께〉

'분홍 방, 창문들'
(1995)
윤석남 작가는 식탁, 의 자, 소파 등을 어머니의 공간으로 표현했습니다. 그러나 어머니에게는 그 소파마저도 편하지 않은 뾰족한 가시 방석이군요.

〈뾰족한 소파에게〉

'1025' (2008)
버려진 개 1025마리 를 키우는 할머니 이 야기를 듣고 보며, 버 려진 개 1025마리의 조각을 이와 같이 만 드셨네요.

〈버려진 개에게〉

◎ 장욱진 화백님은 〈가족〉이라는 제목으로 여러 가지 작품을 만들었어요. 그의 그림에 나오는 가족들을 자세히 살펴보세요. 가족들은 어떤 표정이며 어떤 생각을 하고 있을지 생각해 보세요.

쉽고 재미있는 수학

수학아 수학아 나 좀 도와줘

조성실 글 | 이지현 그림 | 삼성당

관련 교과

수학 2학년 2학기   길이 재기 | 길이의 합 알아보기
수학 3학년 2학기   덧셈과 뺄셈 | 덧셈 알아보기

관련 매체

도서   수학 학습 동화 • 최향숙 | 대교출판

어떻게 읽을까요?

1 생활 속에서 쓰이는 수학에는 어떤 것이 있는지 생각하며 읽어요.

2 주인공 아람이를 따라 수학의 원리를 터득하면서 읽어요.

3 궁금한 점은 메모하고, 모르는 것은 다시 읽어가면서 천천히 수학을 익혀요.

어떤 내용일까요?

이 책은 수학이라면 힘들고 머리 아픈 과목이라고 생각하는 아람이가 생활 속에서 수학을 발견하면서 수학과 친해지는 과정을 담고 있습니다.

책 속의 아람이는 게임을 하다가 학교에 지각하는 일이 많고, 신발장에 있는 반 친구들의 신발을 모두 꺼내놓고 색깔별로 나눠 줄을 맞추며 노는 아이입니다. 자기만의 덧셈 뺄셈 기호를 만들어 잘난 척하는 친구를 골탕먹이며 신나게 웃기도 하고, 심심해서 엄마 농을 뒤지고 놀다가 할머니 사탕을 찾아내어 혼자서 덧셈 뺄셈을 공부하기도 합니다. 말썽 부리고 실수도 하고 거짓말을 해서 혼나기도 하지만, 아람이는 그런 실수 속에서 수학을 찾아내지요.

3월에서 다음 해 2월까지 한 달에 한 가지 사건을 통해 수 세기, 확률, 도형, 규칙성, 연산과 기호, 재미있는 수 놀이, 시간 교환법칙, 그리고 구구단이라는 수학적 원리를 이야기로 쉽게 배워볼 수 있습니다.

◎ 내일은 소풍을 가는 날이에요. 먹고 싶은 것을 직접 사가지고 오라고 엄마가 3,000원을 주셨어요. 어떻게 골라야 3,000원어치가 될까요? 3,000원어치가 되도록 물건을 골라 보세요.

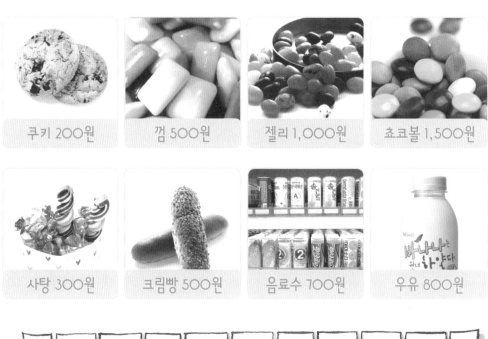

쿠키 200원   껌 500원   젤리 1,000원   쵸코볼 1,500원

사탕 300원   크림빵 500원   음료수 700원   우유 800원

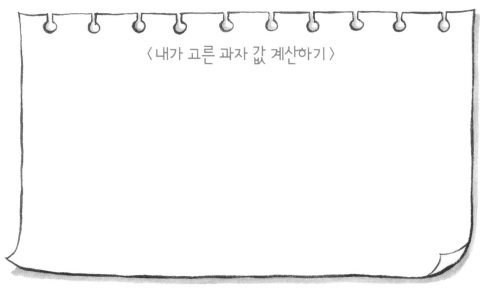

〈 내가 고른 과자 값 계산하기 〉

1 우리의 생활 속에서 무엇을 할 때 숫자가 필요한가요?

☆

2 숫자가 없다면 사람들의 생활은 어떻게 바뀔까요? 예를 들어서 설명해 보세요.

☆

3 내가 좋아하는 숫자를 이용하여 재미있게 모양을 만들어 보세요.

1 원시인은 물건의 수를 어떻게 세었나요?

☆

2 삼각형, 사각형, 원은 꼭지점이 몇 개씩 있나요?

(   )개   (   )개   (   )개

3 자동차의 바퀴가 둥근 기둥 모양이 아니라 구슬 모양이라면 어떤 일이 생길까요?

☆

4 아람이가 준수 형의 구슬을 모두 깨서 없앤 뒤, 준수 형에게 그 구슬을 사주 기 위해서 어떻게 했나요?

5 옛날 사람들은 시간을 어떻게 알게 되었을까요?

6 같은 수를 여러 번 더할 때 쉽게 할 수 있는 계산법은 무엇일까요?

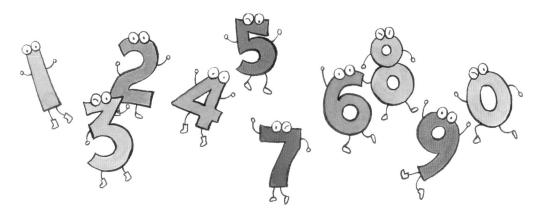

다양한 맛즐기기 넓고 깊게 생각해요

1 다음 신발들을 나누고 싶은 기준을 정해서 나눠 보세요.

〈보기〉 옛날 사람들이 신었던 신발 ⇒ ④, ⑩, ⑪, ⑬

1) _____ ⋯⋯▶ _____

2) _____ ⋯⋯▶ _____

3) _____ ⋯⋯▶ _____

2 337 박수, 5번 박수, 계단 박수 등 여러 가지 박수놀이가 있습니다. 나만의
박수를 만들어 보세요. (예 : 얼굴 박수 시작! 눈눈짝짝 코코짝짝 입입짝짝
눈짝코짝입짝 눈코입 짝짝짝!)

3 아람이가 +, −, ✕ 를 ★, ○, ◇ 표시로 바꾼 것처럼 나만의 기호를 만들어
보세요.

	+	−	✕
내가 만든 새 기호			

4 새 기호를 이용해 연산식(+, −, ✕ 이 들어가 있는 수식)을 만들어 보고, 말로
문제를 써 보세요.

보기 : 4 + 1 = 4 ★ 1
문제 : 내 필통에는 연필이 4자루가 있다. 그런데 형이 1자루를 더 주었다.

연산식	
문제	

1 아람이는 친구와 구슬 놀이을 하다가 준수 형의 구슬을 깨뜨렸습니다. 그래서 준수 형에게 구슬을 사주기 위해 엄마에게 거짓말을 했습니다. 내가 아람이라면 어떻게 할지 친구들과 함께 이야기해 보세요.

1) 거짓말을 해서라도 준수 형의 구슬을 사다준다.

☆

2) 엄마에게 야단을 맞더라도 솔직하게 이야기한다.

☆

170

2 수학은 재미있다고 생각하는지, 아니면 재미없다고 생각하는지 한쪽 방향을
선택하여 근거를 들어 발표해 보세요.

1) 수학은 재미있다.

2) 수학은 재미없다.

1 다음 글을 읽고 물음에 답해 보세요.

〈 벌집은 왜 정육각형일까요 ? 〉

벌집을 보면 정육각형 모양이 차곡차곡 쌓여 있는 모습을 볼 수 있어요. 왜 벌은 꿀을 모아놓는 벌집을 정육각형으로 만들었을까요? 정삼각형, 정사각형, 정이십각형, 정사십각형 등 다양한 모양이 있는데 말이에요.

이런 다양한 모양들 중에서 서로 붙였을 때, 빈틈없이 빼곡하게 붙일 수 있는 것은 "정삼각형, 정사각형, 정육각형", 이렇게 세 가지 밖에 없어요. 그러니 벌은 집을 더 튼튼히 짓기 위해 이 세 가지 중 하나를 선택할 수밖에 없었겠네요.

하지만 이 세 가지 중에서도 같은 크기의 공간을 만드는 데 가장 적은 재료를 사용하고, 상대적으로 가장 많은 꿀을 넣을 수 있으며, 더 튼튼한 벌집을 만들 수 있는 도형은 '정육각형' 뿐이에요.

이렇게 벌들은 수학을 참 잘하는 곤충인 셈이지요. 실제 우리 주변에서도 이런 정육각형 구조를 많이 쓰는데요. 위에서 말한 것처럼 정육각형은 매우 튼튼한 구조를 가지고 있고, 다양한 장점을 많이 갖고 있기 때문이에요.

실제 건축용 재료 등도 이런 벌집 모양으로 만들어서 많이 사용하는데요. 박스나 골판지 속에도 응용이 되고 있답니다. "벌집 모양"이라는 의미의 "허니컴(Honnycomb)"구조라 불리는 정육각형 모양은 제트기나 인공위성의 벽 등에도 응용된다고 해요.

〈국가수리과학연구소 : NIMS Kids World / 생활 속의 수학 원리〉

1) 벌집의 모양은 어떤가요? 그림으로 그리고 글로 설명해 보세요.

2) 벌집은 왜 정육각형인가요?

3) 벌집 모양의 육각형 구조물이 우리 생활에 많이 쓰입니다. 어떤 것에
   쓰일까요?

4) 벌은 참 수학을 잘하나 봐요. 많은 다각형 중에 가장 튼튼한 육각형을 골라 집을 지을 수가 있는지 참 신기해요. 벌에게 〈수학왕 인증서〉를 만들어 주세요.

수 학 왕

이름 : 왕꿀벌

인증일 :

인증기관 :

2 다음은 숫자를 이용한 전래 동요입니다. 숫자를 이용하여 (　　) 안에 알맞은 말을 지어 넣은 후 큰 소리로 노래를 불러 보세요.

재미있는 숫자 노래

하나 하면 할머니가 지팡이를 짚는다고 잘잘잘

두울 하면 (   )

세엣 하면 새색시가 거울을 본다고 잘잘잘

네엣 하면 냇가에서 빨래를 빤다고 잘잘잘

다섯 하면 (   )

여섯 하면 (   )

일곱 하면 일꾼들이 나무를 한다고 잘잘잘

여덟 하면 엿장수가 엿을 판다고 잘잘잘

아홉 하면 (   )

여열 하면 (   )

◎ **도전! 낱말퍼즐!!**
〈보기〉에서 알맞은 낱말을 골라 퍼즐을 맞추어 보세요.

〈보기〉 – 교과서, 슬픔, 학교, 산가지, 구슬, 박수, 계산,
수학, 시계, 지구

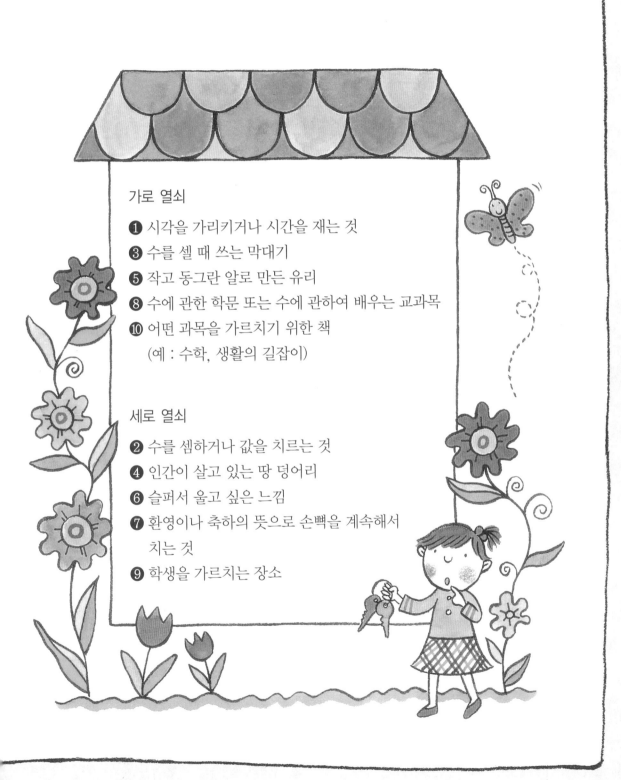

가로 열쇠

❶ 시각을 가리키거나 시간을 재는 것

❸ 수를 셀 때 쓰는 막대기

❺ 작고 동그란 알로 만든 유리

❽ 수에 관한 학문 또는 수에 관하여 배우는 교과목

❿ 어떤 과목을 가르치기 위한 책
　　(예 : 수학, 생활의 길잡이)

세로 열쇠

❷ 수를 셈하거나 값을 치르는 것

❹ 인간이 살고 있는 땅 덩어리

❻ 슬퍼서 울고 싶은 느낌

❼ 환영이나 축하의 뜻으로 손뼉을 계속해서
　　치는 것

❾ 학생을 가르치는 장소

순수하고 진실한 친구의 가치
꺼벙이 억수

미리 맛보기, 마음을 열어요　　12~13쪽

1. 순박하다, 해맑다, 어수룩하다, 지저분하다 등

2. 나의 별명 : 곱슬머리
이유 : 내가 곱슬머리라서 친구들이 붙여 주었다.
생각 : 나는 곱슬머리가 싫은데 자꾸 친구들이 놀리는 것 같아 싫다. 다른 별명이 생겼으면 좋겠다.

3. 내 별명이었으면 하는 것 : 척척박사, 천사, 예쁜이, 치타 등
그 이유 : 치타 – 나는 달리기를 못하는데 달리기를 잘해서 치타라는 별명을 갖고 싶다.

차근차근 맛보기, 내용을 이해해요　　14~15쪽

1. ③ ⋯ ② ⋯ ⑤ ⋯ ⑥

2. 바보 같아 보여서

3. 한 달에 한 번 착한 일을 많이 한 친구를 반에서 한 사람씩 뽑는다.

4. 고은이를 좋아해서

다양한 맛 즐기기, 넓고 깊게 생각해요　　16~17쪽

1.

같은 점	착한 일을 하였다.	
	찬호	억수
다른 점	학급별에 뽑히기 위해서 착한 일을 한 것이다.	학급별과 상관없이 평상시에도 남을 도와주고 착한 일을 했다.

2. 꺼벙이는 착하다. 왜냐하면 다른 사람을 잘 도와주기 때문이다.
*찬호는 이기적이다. 왜냐하면 학급별이 되기 위해 착한 일을 하기 때문이다.
*찬호는 잘못을 뉘우치는 아이다. 왜냐하면 학급별로 뽑힌 꺼벙이를 이해하고 힘껏 박수를 쳤기 때문이다.

3. 억수가 평상시에 좋은 일을 많이 했으면서도 남에게 자랑하지 않았기 때문에

4. 새로운 별명 : 슈퍼맨
별명을 지은 이유 : 우리 반 친구들의 어려움을 지나치지 않고 불쌍한 사람들을 도와주고 착한 일을 많이 하기 때문에

5.

선물 대신 줄 수 있는 것	이 유
종이학	종이학을 접으면서 내 마음을 전하고 싶다.
마음을 담은 편지	평상시 하고 싶은 말을 편지에 쓰고 예쁘게 꾸며주면 좋은 선물이 될 수 있다.
클레이로 만든 선물	사줄 수는 없지만 내가 주고 싶은 것을 클레이로 만들어서 주면 좋아할 것이다.

함께 맛 나누기, 독서토론을 해요　　18~19쪽

1. *학급별을 따기 위해 착한 일을 하는 것은 옳지 않다. 어떤 선물이나 보상을 바라는 것이 아니라 진심으로 남을 도와야 착한 일인 것이다.
*학급별을 따기 위해서 시작했지만 남을 위해 착한 일을 하는 것은 나쁜 것이 아니다. 처음에는 학급별을 따려는 마음이었지만 남을 돕다보면 진심으로 착한 일을 하게 될 것이다.

2. 1) 물건으로 생일 선물을 준비하는 것이 좋다
친구의 생일을 축하하기 위해서는 선물을 주어야 한다. 선물을 받으면 기분이 좋다. 비싼 선물이 아니더라도 축

하의 말과 선물을 전하면 즐거운 생일파티를 할 수 있다.

2) 물건 대신 다른 것으로 선물을 준비하는 것이 좋다
생일잔치는 생일을 맞은 친구를 축하해 주는 날이다. 선물을 준비하지 못했다고 생일잔치에 가지 않으면 친구가 더 슬플 것이다. 선물이 아니더라도 노래나 그림과 같이 마음의 선물을 준비하면 친구도 좋아할 것이다.

3. 1) 별명을 지어 부르는 것은 나쁘지 않다
별명을 지어 부르는 것이 나쁜 것은 아니다. 친구의 특징이나 장점을 살린 별명은 오히려 친구 관계를 더 좋게 만들 수 있다.

2) 별명을 지어 부르는 대신 이름을 불러야 한다
별명을 내가 원하지 않는데 친구들이 자꾸 별명을 부르면 기분이 좋지 않다. 특히 나쁜 의미의 별명은 별명으로 불리는 친구에게 상처가 될 수 있다. 이름이 있는데 별명을 부르는 것은 옳지 않다.

요리하는 재미, 글쓰기를 해요   20~22쪽

1. *남들이 하기 싫어하는 일을 하는 사람(쓰레기 버리기)
*공부시간에 장난치지 않고 열심히 공부하는 사람

2. 상혁이
상혁이는 모둠별 활동을 할 때 친구의 이야기를 잘 들어주고 준비물을 챙겨오지 않았을 때 자신의 물건을 잘 빌려줍니다. 또한 미술 시간에 더러워진 교실을 스스로 치우고 공부시간에도 선생님 말씀을 잘 듣습니다. 그래서 상혁이가 우리반의 학급별이 되어야 한다고 생각합니다.

3. 친구가 팔을 다쳤을 때 가방을 들어주고 땅바닥에 떨어진 땅콩을 주웠습니다. 고은이 대신 흙탕물을 뒤집어썼고, 휴지가 떨어져 있으면 줍고 욕도 하지 않고 잘난 체도 하지 않았기 때문입니다.

4.

착한 마음 상

이름 : 꺼벙이 억수

위 어린이는 <u>친구들의 어려움을</u>
<u>지나치지 않고 도와주는</u>
<u>착한 마음을 가졌기 때문에</u>

이 상장을 주어 칭찬합니다.

○○○○년 ○○월 ○○일

○○○

마법을 통해 깨달은 부모님의 소중함
마법의 설탕 두 조각

미리 맛보기, 마음을 열어요   28~29쪽

1. *별모양   *달콤하다.
*기분이 좋아진다. 다른 사람이 나를 볼 수 없다.
*happy happy 비비디바비디 부

2. *천사이다. - 왜냐하면 내가 부탁하는 것을 잘 들어주시고 나를 사랑해 주시기 때문이다.
*호랑이이다. - 왜냐하면 나한테 잔소리를 많이 하시고 내가 잘못하면 무섭게 화내시기 때문이다.

3. 학원가기, 학습지 매일 한 장씩 하기, 동생 돌보기 등

4. 자기 할 일을 스스로 하도록 하기 위해, 공부를 잘하

는 아이가 되기를 바라기 때문에 등

차근차근 맛보기, 내용을 이해해요   30~31쪽

1. 1) × 렝켄에게 요정을 찾아가는 길을 알려준 사람은 경찰관이었다.
2) ○
3) × 요정은 첫 번째 소원을 들어주고 그 대가로 렝켄에게 돈을 받지 않고 무료로 주었다.
4) ○

2. 부모님이 렝켄이 원하는 것을 들어주지 않아서

3. 렝켄이 원하는 것을 들어주지 않으면 키가 반씩 줄어든다.

4. 렝켄은 부모님 말씀을, 부모님은 렝켄의 말을 무턱대고 반대하지 않으며 행복하게 지냈다.

5. 처음 : 부모님을 원망했다. 부모님께 실망했다. 부모님이 싫었다. 등
작아진 후 : 매우 놀랐다. 후회했다. 부모님 없이 혼자 하는 것이 걱정되고 두려웠다. 등

다양한 맛 즐기기, 넓고 깊게 생각해요   32~33쪽

1. *많이 먹으면 배가 아프니 하루에 한 개씩만 먹고 말을 잘 들으면 렝켄이 좋아하는 일을 해주겠다고 한다.
*엄마는 렝켄 신발을, 렝켄은 엄마의 신발을 서로 빨아주기로 한다.
*휴가 날짜를 나눠서 하루는 산으로, 하루는 바다로 간다. 이번에는 산으로 가고 다음 휴가 때는 바다로 가자고 렝켄에게 잘 말한다.

2. *부모님을 사랑하는 아이이다. 왜냐하면 부모님을 되돌리기 위해 마법의 설탕을 자신이 먹었기 때문이다.
*효도하지 않는 나쁜 아이이다. 부모님에게 설탕을 먹여 작아지고 고생을 하게 했기 때문이다.

3. *우리 부모님이 내 말을 잘 들어 주지 않을 때 : 부모님께 부탁의 편지를 쓰겠다.
*부모님을 되돌리기 위해 마법의 설탕을 먹으라고 했을 때 : 설탕말고 부모님을 되돌릴 수 있는 다른 방법이 있냐고 요정에게 물어본다.

함께 맛 나누기, 독서토론을 해요   34~36쪽

1. 1) 렝켄의 행동을 이해할 수 있다
*학부모님께서 렝켄의 말을 잘 들어주지 않았기 때문이다.
*부모님께 렝켄의 심정을 알려 주고 싶었기 때문이다.
2) 렝켄의 행동을 이해할 수 없다
*아무리 속상해도 부모님께 그런 행동을 하는 것은 잘못이기 때문이다.
*부모님이 너무 작아져서 못 알아 볼 수도 있기 때문이다.
*부모님이 안 계시면 렝켄이 위험해질 수 있기 때문이다.

2. 1) 부모님이 말씀하시는 대로 행동해야 한다
부모님은 우리를 위해서 말씀하시는 것이다. 부모님 말씀대로만 하면 어려운 일이 없다.
2) 때로는 부모님 말씀을 어길 수도 있다
부모님이 우리의 마음을 모르실 때도 있다. 하기 싫은 일을 억지로 하면 더 힘이 든다. 그럴 때는 솔직하게 말씀 드리고 부모님이 말씀하신 것과 다르게 행동할 수도 있다.

3. 좋은 점 : *예쁜 장난감 집에서 생활할 수 있다.
*구멍이 좁아서 꺼내지 못했던 물건들을 꺼낼 수 있다.
불편한 점 : *동물들에게 잡아먹힐 수 있다.
*사람들이 내가 어디있는지 몰라서 대화하기가 힘들다.

4. 1) 요정은 있다
내가 힘들어 할 때 생각하지도 않은 신기한 일들이 일어
나서 나를 도와줄 때가 있다. 착한 사람은 눈에 보이지
않지만 요정이 도와주고 있는 것이다.

2) 요정은 없다
요정은 상상 속에서만 있다. 우리 주변에서 부모님이나
선생님 등 누군가가 우리를 도와주는 것을 요정이 있다
고 생각하는 것이다.

요리하는 재미, 글쓰기를 해요   37~41쪽

1. 아빠 : 왜 아빠가 이런 곳에서 자야 하는지 물어보고
싶었습니다. 장난감 침대 말고 다른 푹신한 곳으로 옮겨
달라고 말하고 싶었습니다.
엄마 : 무척 슬펐습니다. 렝켄의 말을 잘 들어주지 못해
서 미안했습니다.
렝켄 : 무서웠지만 부모님께서 내 옆에 계시는 것이 더
좋기 때문에 설탕을 먹어서 부모님을 되돌려 놓아야 겠
다고 생각했습니다.

2. 불만 : 동생 편만 든다. 나에게 잔소리를 많이 하신다.
해결방법 : *그 동안 동생 때문에 속상하고 억울하게 혼
났던 일을 편지로 써서 보여 드린다.
*잔소리를 듣지 않도록 엄마와 계획표를 세워 계획표대
로 잘 지킨다.

3. 나는 이런 부모가 될 거야 : *무조건 공부만 하지 않고
아이들의 마음을 잘 이해해 주는 부모가 될 것이다.
*잘 놀아주는 재미있는 부모가 될 것이다.
우리 아이가 이렇게 자랐으면 좋겠어요 : 공부도 잘하고
부모님 말씀도 잘 듣는 착한 아이였으면 좋겠다.

4. 프란치스카 요정에게
처음에 키가 줄어들고 렝켄에게 요정님 이야기를 들었을
때는 우리를 이렇게 만든 당신이 원망스러웠습니다. 그

러나 렝켄은 우리를 되돌리기 위해 마법의 설탕을 먹었
고 그 뒤로부터는 부모님 말씀을 잘 듣는 착한 아이가 되
었습니다. 렝켄이 말을 너무 잘 듣게 되자 우리는 렝켄이
병이 걸린 것이 아닌가 걱정했습니다. 그러나 렝켄이 재
주를 부리지 않았는데도 키가 줄어들지 않았습니다. 렝
켄과 저희들의 마법을 풀어주셔서 참 감사합니다. 설탕
사건 이후로 우리는 렝켄을 이해해주고 렝켄도 부모님
말씀을 잘 듣는 착한 아이가 되었답니다. 렝켄과 저희들
에게 좋은 선물을 주셔서 매우 감사합니다.

○○○○년 ○월 ○일
렝켄의 엄마, 아빠 올림

5. 나는 엄마, 아빠가 내 말을 들어주지 않아서 경찰관이
소개시켜준 요정을 찾아갔다. 요정은 나에게 마법의 설
탕을 주었다. 이 설탕을 부모님이 먹게 되면 내 말을 들
어주지 않을 때마다 키가 반씩 줄어든다고 하였다. 나는
처음에 망설였지만 결국 설탕을 부모님의 찻잔 속에 넣
었고 부모님은 설탕을 먹게 되었다. 내 말을 들어주지 않
자 우리 아빠의 키가 반으로 줄어들었다. 처음에는 내 말
을 들어주지 않은 부모님의 키가 줄어서 고소하기도 했
지만 키가 계속 줄어드니까 엄마, 아빠가 사라져 버리는
것이 아닐까 걱정이 되었다. 고양이가 엄마, 아빠를 잡아
먹었다면 어찌할 뻔했는지 생각만 해도 아찔하다. 나는
열쇠를 가져가지 않아 혼자 집 앞에서 기다리다가 요정
을 만나게 되었고 요정은 시간을 되돌리는 유일한 방법
이 내가 설탕을 먹는 것이라고 하였다. 나는 평생 부모님
말씀대로 살아야 하는 것이 걱정이 되기도 하였지만 엄
마 아빠를 되돌리기 위해 설탕을 먹었다. 설탕을 먹고 엄
마 아빠의 키는 돌아왔지만 나는 엄마, 아빠 말대로만 해
야 해서 좀 힘이 들었다. 다행스럽게 아빠, 엄마에게 내
고민을 얘기할 수 있었고 내가 아빠의 말과 반대로 재주
를 넘지 않았는데도 내 키는 줄지 않았다. 키가 줄어들지
않아서 너무 기뻤다. 나는 다시는 요정을 찾아가지도 마
법의 설탕을 먹지도 않을 것이다. 이제 부모님 말씀을 무
조건 거역하지도 않을 것이다. 부모님도 많이 바뀌셔서
내 말에 무조건 반대하지 않으신다. 처음에는 마법의 설

탕을 괜히 먹은 것 같아 후회하기도 했지만 생각해 보면
설탕을 먹어서 우리 가족이 더 행복해진 것 같다.

새로운 놀이로 친구 사귀기
짜장 짬뽕 탕수육

미리 맛보기, 마음을 열어요   46~47쪽

1. 예시 답 생략

2. 가장 좋아하는 놀이 : 축구
놀이의 좋은 점 : 골을 넣을 때 기분이 좋다. 마음껏 달릴
수 있어 건강에 도움이 된다. 친구들과 친해질 수 있다.

3. *어떤 친구일지 호기심이 생겨 말을 걸고 싶을 것이다.
*나보다 공부를 못했으면 좋겠다고 생각할 것이다.
*새로운 곳에서 잘 적응하도록 도와주고 싶을 것이다.

4. 자신의 이야기를 하기를 꺼려할 수 있으니, 자신이 본
친구들의 이야기를 들려달라고 하는 것이 쉽게 발표하게
하는 방법이 됩니다. 아무도 이야기 할 사람이 안 나선다
면 선생님의 경험(간접경험 포함)을 말씀해 주시는 방법
도 있습니다. 이 경우, 선생님의 말씀 뒤에 학생들의 경
험이 쏟아지기노 합니다.

5. *힘센 친구에게 그러지 말라고 이야기한다.
*선생님께 이야기한다.
*다른 친구에게 도움을 청해 함께 혼내준다.
*그냥 참는 것이 더 괴롭힘을 안 당하는 방법이다.

차근차근 맛보기, 내용을 이해해요   48~49쪽

1. 큰 덩치가 들어와 '왕-거지'를 외치자 아이들은 왕이
라고 정한 자리에 줄을 섰다.

2. '왕-거지' 놀이를 할 때 종민이가 거지 자리에서 오줌
을 누었기 때문에 거지라는 놀림을 받게 되었다.

3. 큰 덩치는 커피병에 짜장을 담아온 것을 가지고 도시
락통도 없냐면서 거지니까 다르다며 놀렸다.

4. 원래 개구쟁이니까 참으라고 다정하게 이야기한다.

5. '왕-거지놀이'를 '짜장-짬뽕-탕수육놀이'로 바꾼다.

6. '왕-거지놀이'를 할 때는 눈치를 보며 왕의 자리에 긴
줄을 섰는데, 종민이가 '짜장-짬뽕-탕수육놀이'로 바꾼
후에는 서로 좋아하는 음식 앞에 줄을 서서 눈치를 보지
않는 즐거운 분위기가 되었다.

다양한 맛 즐기기, 넓고 깊게 생각해요   50~51쪽

1. *전학 와서 외롭고 두려운 아이를 놀리니까 비겁하다.
*자신의 힘이 세다고 화장실에서까지 친구들을 마음대로
하려고 하니까 독재자 같다.
*남의 도시락 가지고 놀리는 것을 보니까 예의가 없고 유
치하다.

2. 큰 덩치가 힘이 세기 때문에

3. *종민이처럼 머리를 써서 상황을 역전시킬 것이다.
*죽기살기로 큰 덩치에게 덤벼들 것이다.
*선생님이나 부모님에게 도움을 요청할 것이다.
*친구들과 협조하여 큰 덩치를 혼내줄 것이다.
*시간이 지나면 해결될 것이라고 생각하고 참을 것이다.

4. 학생들이 자유롭게 상상하여 발표하도록 유도한다.

5. 잘했다 : *큰 덩치의 '왕-거지 놀이'에 맞설 생각을 한 것이 용감하다.

*친구들이 좋아하는 음식으로 새로운 놀이를 생각해 내다니 아이디어가 좋다.

*스스로 문제를 해결하니 멋있다.

위험한 행동이었다 : *친구들이 따라줬으니 다행이지만 모른 척 했다면 망신을 당하고 창피했을 것이다.

*큰 덩치의 놀이를 방해해 큰 덩치가 복수할 지도 모른다.

*혼자 다른 행동을 했으니 더 큰 왕따가 될 수도 있다.

6. 학생들이 자유롭게 발표하도록 유도한다.

함께 맛 나누기, 독서토론을 해요　　52~54쪽

1. 1) 왕-거지 놀이는 재미있다

재미있다고 생각한다. 놀이는 원래 이기고 지는 것이 있는데 거지가 되는 것은 지는 것과 같다. 이기는 사람은 기분 좋고 진 사람은 기분이 나쁜 것은 당연하다.

2) 왕-거지 놀이는 재미없다

다른 놀이를 찾아야 한다고 생각한다. 놀이라면 즐거우려고 하는 것인데 누군가에게는 상처가 된다면 이미 놀이가 아니다. 모두가 행복하고 함께 즐길 수 있는 놀이가 제대로 된 놀이이다.

2. 1) 누리는 잘못이 없다

누리는 잘못이 없다고 생각한다. 큰 덩치에게 대들고 맞서는 것만이 옳은 행동이 아니다. 힘이 약한 누리가 할 수 있는 방법으로 종민이를 도운 것이다. 누리는 수퍼맨이 아니다.

2) 누리는 잘못했다

누리는 잘못했다고 생각한다. 큰 덩치가 어떤 아이인지, 종민이에게 어떻게 했는지 알면서 어떤 도움도 주지 않고 '네가 참아. 원래 개구쟁이야'라고 한 것은 무관심한 것과 다르지 않다. 물에 빠진 사람에게 '조심해 거기서는 빠져죽을 수도 있어'라고 하는 것과 다르지 않다.

3. 1) 선생님의 도움을 받아야 한다

첫째, 놀리는 친구는 짓궂기 때문에 선생님께 혼나기 전에는 그만두지 않는다. 놀리는 친구는 상대가 울거나 속상해하면 더 심하게 놀리는 경우가 많다. 하지 말라고 화를 내도 더 재미있다고 생각하고 멈추지를 않는다.

둘째, 놀리는 친구는 힘이 세기 때문에 항의해도 듣지 않는다. 자신보다 강한 사람을 놀리는 바보는 없다. 자신보다 약하다고 생각하는 사람을 골라 대항하지 못할 줄 알고 놀리는 것이다. 만약 용기를 내서 덤벼봤자 힘센 친구에게 질 수밖에 없다. 그러면 더 무시하고 더 심하게 놀리게 될 뿐이다.

셋째, 다른 친구들도 도와주지 않기 때문에 선생님이 아니면 놀리는 것을 멈추지 않는다. 모두 힘센 친구를 겁내거나 남의 일에 끼기 싫다고 생각하기 때문에 함께 놀리거나 구경을 하는 경우가 많다. 누리도 큰 덩치에게 아무 말도 하지 않았다. 선생님이 바로 잡아주지 않으면 친구들은 무엇이 잘못되었는지 모르고 같은 일을 계속 반복할 것이다.

2) 혼자서 해결해야 한다

첫째, 선생님께 말씀드리면 더 괴롭힌다. 선생님이 보는 앞에서는 놀리지 않지만 선생님이 안 계신 곳에서는 더 심하게 괴롭히게 된다. 놀리는 친구는 자신이 한 짓이 잘못된 것을 알면서 계속 하기 때문에 선생님께 말씀드려도 해결될 수 없다. 또 선생님 앞에서는 안 그러겠다고 해놓고 몰래 괴롭히기 때문에 그때는 선생님의 도움을 받을 방법이 없다.

둘째, 놀리는 이유는 선생님이 아니라 자신이 안다. 놀리는 친구는 다 이유가 있다. 내가 약해보여서라면, 약하지 않다는 것을 보여주어야 다시는 괴롭히지 않을 텐데 선생님이 타이른다고 약하지 않다는 것이 증명되는 것은 아니다. 또 내가 미워서라면 미워하는 이유를 찾아 없애야 한다. 그것도 선생님보다는 내 자신이 더 잘 안다. 원인을 알아야 해결책이 나오는데 원인을 밝히는 것은 선생님이 아니라 내가 할 일이다.

셋째, 친구가 많아야 놀림 받지 않는데, 친구는 선생님이 만들어줄 수 없다. 힘센 친구는 힘없고 외로운 친구를 많이 놀린다. 종민이도 전학을 와서 아직 친구를 많이 못 사귄 상태에서 큰 덩치에게 놀림을 받았다. 종민이가 나중에 용기를 내서 시작한 '짜장 짬뽕 탕수육 놀이'를 친구들이 재미있어하고 관심을 보이자 큰 덩치도 더 이상 종민이를 괴롭히지 못했다. 인기 있는 아이는 놀림을 받지 않는다. 또 놀린다하더라도 신경도 쓰지 않는다. 친구들과 놀기도 바쁘기 때문이다. 선생님이 명령한다고 친구가 생기는 것은 아니기 때문에 놀림에서 벗어나기 위해서는 스스로의 다양한 노력이 필요하다.

요리하는 재미, 글쓰기를 해요　　　　55~57쪽

1. 예 1 : 밝고, 적극적인 성격 - 친구들이 놀렸지만, 그것 때문에 울거나 속상해하지만 않고, 상황을 바꿀 수 있는 아이디어를 떠올려 실천에 옮겼다. 밝은 성격으로 눈치나 보게 하는 답답한 놀이보다 모두가 개성을 드러낼 수 있는 즐거운 놀이를 떠올릴 수 있었고, '하면 될 수 있다'는 적극적인 성격으로 큰 덩치를 두려워하거나 친구들이 자신을 무시할 수도 있다는 걱정을 물리칠 수 있었다.
예 2 : 용기 - 낯선 새 학교에서 자신이 알지도 못하는 '왕-거지놀이'에서 당하여 졸지에 거지가 되어 놀림감이 되었지만, 스스로 그것을 이겨낼 방법을 찾아낸 용기가 있었다. 학교에 가지 않을 결심을 하거나 선생님께 일러 아이들을 혼내줄 생각을 할 수도 있었지만, 다른 놀이를 제시해보겠다는 용기를 낸 것이 아이들에게 통했다. 아이들을 재미있게 만들어주는 것은 또래들끼리가 더 통한다. 자기 힘으로 어려운 상황을 이겨낸 종민이는 용기가 있는 아이이다.

2. 네가 약하지 않다는 것을 보여줘-
큰 덩치가 종민이를 놀리는 것은 먼 곳에서 전학을 와 친구도 없고 자기보다 덩치도 작기 때문에 자신이 더 강하다고 생각해서 자기 힘을 보여주려고 그런 거야. 너를 놀리는 친구도 마찬가지야. 자기보다 네가 약하다고 생각해서 그러는 거니까 종민이처럼 맞서면 돼. 종민이처럼 아

이디어가 없다면 덤벼들어 봐. 죽기살기로 덤벼들면 더 괴롭히지 못할 거야. 이때 남들이 모르게 하면 안 돼. 괴롭힌 것은 상대방이니까 창피한 것도 상대방이야. 맞더라도 끝까지 맞서면 잘못한 사람이 피하게 되는 거야. 아무래도 정면으로 맞서는 것이 어렵다고 생각되면 선생님이나 부모님에게 도움을 청할 수도 있어. 종민이도 '짜장-짬뽕-탕수육놀이'가 안 통했다면 어른들께 도움을 청했을 거야. 혼자가 아니라는 것을 보여줘야 해. 또 잘못한 것이 누구인지 알게 해야 해. 놀림을 받았을 때 무언가 한다는 것은 약하지 않다는 것을 보여주는 방법이야.

3. '왕-거지' 놀이는 잘난 사람과 못난 사람을 나누는 것 같다. 근거도 없이 마음대로 편을 나누는 것은 억울하기도 하다. 하지만 '짜장-짬뽕-탕수육' 놀이는 자신이 좋아하는 것을 선택하는 것이다. 무엇을 선택하든 잘나고 못난 것을 나누는 것이 아니기 때문에 즐겁다.

맛있는 후식, 알차게 마무리해요　　　　58~59쪽

호랑이를 이겨낸 지혜의 힘
팥죽 할멈과 호랑이

미리 맛보기, 마음을 열어요   62~63쪽

1. *지게   *멍석   *돌절구

2. 일 년 중에서 낮이 가장 짧고 밤이 가장 긴 날. 양력 12월 22일.

3. 붉은 색은 귀신을 멀리 보낸다고 믿어서 붉은 색의 곡식인 팥으로 팥죽을 쑤어 먹었다.

4. *꾀를 쓴다.
*여러 사람이 힘을 합친다.
*포기하지 않고 끈기로 맞선다.

차근차근 맛보기, 내용을 이해해요   64~65쪽

1. 산밭에 나가 팥 밭의 김을 맬 때 호랑이가 나타났다.
(김을 매다 - 논밭의 잡풀을 뽑다.)

2. 할멈이 겨울에 팥을 거두어 팥죽을 끓이면 그때 팥죽도 먹고 자신도 먹으라고 했다.

3. 호랑이에게 동짓날 자신을 잡아먹으라고 했는데, 약속한 시간이 다가왔기 때문이다.

4. 모두 힘을 합쳐 할머니를 해치려는 호랑이를 없애버렸다.

5. 할머니가 날씨가 차니 아궁이에서 몸부터 녹이라고 했기 때문이다.

6. ③ - ② - ① - ④ - ⑤ - ⑦ - ⑥

다양한 맛 즐기기, 넓고 깊게 생각해요   66~67쪽

1. 우리 형 - 내가 받은 세뱃돈을 빌려달라고 한다. 빌려주면 안 갚고 엄마한테 이르지 말라고 협박한다.

2. 독재자, 깡패 등 자기 마음대로 해서 다른 사람에게 무서움을 느끼게 하기 때문이다.

3. 모두에게 팥죽을 나눠주자 인심 좋은 할머니가 고마워서 도와주었다.

4. 따로따로는 약하지만 뭉치면 호랑이보다 힘이 더 세기 때문에

5. 노동자를 구타한 m&m 그룹 최철원 회장을 mbc가 보도하고, 이 이야기를 듣고 네티즌들이 인터넷 청원을 올리고 비판하여 구속 시킨 일 등 자유롭게 발표하기

6. *힘 센 사람이 저지른 나쁜 짓을 널리 알린다.(인터넷, 신문 투고, 청와대 게시판 등)
*여러 사람이 힘을 합쳐 혼내준다 등 자유롭게 발표하기

함께 맛 나누기, 독서토론을 해요   68~69쪽

1. 찬성 : 어려운 사람을 도우면 결국 그 사람이 은혜를 갚는다. 계산하듯이 주고받지는 않지만 언젠가는 좋은 일로 돌아온다.
반대 : 어려운 사람을 돕는다고 좋은 일이 생기는 것은 아니다. 은혜를 원수로 갚는 경우도 있고, 잊고 사는 사람들도 많다.

2. 찬성 : 나쁜 짓을 한 사람은 벌을 받아야 한다. 호랑이

가 살아남는다면 또 할머니를 잡아먹으려고 했을 것이다. 나쁜 짓을 못하게 하기 위해서는 어쩔 수 없는 일이다. 사람도 다른 사람을 죽이면 감옥에서 못 나오거나 사형을 당한다.

반대 : 나쁜 짓을 하면 벌을 받는 것은 당연하지만, 벌을 받은 다음에는 용서를 해 주어야 한다. 한번 잘못했다고 죽여버린다면 똑같이 나쁜 짓을 하는 것이 된다. 호랑이가 불쌍하다.

3. 1) 힘이 약한 사람이라도 힘센 사람을 이길 수 있다

첫째, 꾀를 이용하여 이길 수 있다. 힘이 세다고 머리까지 좋은 것은 아니다. 유도나 씨름을 할 때도 머리를 써서 배운 기술을 잘 활용하면 힘이 약한 선수도 힘이 강한 선수를 이길 수 있다. 이것은 일반인들도 마찬가지이다.

둘째, 힘을 합치면 이길 수 있다. 힘이 센 사람은 다른 사람을 무시하는 경우가 많다. 힘으로 누를 수 있기 때문이다. 하지만 한꺼번에 많은 사람이 맞서면 모두를 한꺼번에 누를 수 없기 때문에 약한 사람도 강한 사람을 이길 수 있다. 물 한 방울의 힘은 약하지만 홍수가 나면 사람들은 홍수로 불어난 물에 빠져 죽기도 한다.

셋째, 용기를 내어 끈기 있게 도전하면 이길 수 있다. 힘이 약한 사람은 힘이 센 사람을 두려워해서, 맞서보기도 전에 포기하는 경우가 많다. 하지만 힘이 센 사람도 시간이 지나면 힘이 빠지게 되어 있고, 여러 가지 방법으로 끈기 있게 공격하면 무너질 수도 있다. 낙숫물이 댓돌을 뚫는다고 했다. 포기하지 않고 끝까지 싸우면 힘 센 사람도 질 수 있다.

2) 힘이 약한 사람은 힘센 사람을 이길 수 없다

첫째, 힘이 센 사람은 강하기 때문에 이길 수 없다. 유도나 씨름을 할 때도 몸무게가 비슷한 사람끼리 대결을 한다. 그 이유는 힘의 차이가 엄청나게 벌어지면 아무리 기술이 좋거나 꾀를 내어도 통하지 않기 때문이다. 정말 강한 힘을 가진 사람은 아무도 이길 수가 없다.

둘째, 힘이 약한 사람은 힘센 사람에게 겁을 먹기 때문에 이길 수 없다. 힘센 사람은 언제 어디서나 자신만만하지만 힘이 약한 사람은 힘을 합할 사람이 필요하고, 여러 가지 도구나 무기도 필요로 한다. 이런 것이 있다 해도

이긴다는 보장이 없는데, 만약 아무것도 없이 혼자의 몸이라면 더욱더 약해지고 겁을 먹게 된다. 자신의 힘으로 적을 물리칠 힘이 없기 때문이다.

셋째, 힘센 사람은 지치지 않기 때문이다. 힘이 약한 사람은 시간이 지날수록 힘이 빠져 생각도 집중이 안 되고 점점 더 포기하고 싶은 마음이 커진다. 폭풍이 올 때 작은 목조건물을 다 부셔져도 튼튼한 콘크리트 건물은 별 피해를 입지 않는다. 폭풍이 길어지면 작은 목조건물은 아예 사라지지만 튼튼한 콘크리트 건물은 유리창 정도가 깨질 뿐이다. 또 사슴과 사자가 싸우면 당연히 사자가 이긴다. 힘이 약한 사람은 힘센 사람을 절대 이길 수 없다.

요리하는 재미, 글쓰기를 해요   70~72쪽

1. 편지글의 개요 작성

대상도서	읽은 책의 제목을 씁니다.
제 목	글쓰기에서 표현하고자 하는 중심내용을 씁니다.

구 성	개 요
부르는 말	편지 받을 사람을 부르는 말입니다. '○○에게'로 쓰면 됩니다.
첫인사	편지 받을 사람의 안부를 묻고 자신의 안부와 편지 쓰는 목적 등을 밝히는 부분입니다. 자신의 안부에는 자신의 소개도 함께 쓰면 좋겠어요. " 나는 호랑이 네가 뭘 잘못했는지 충고할 것이 있는 ○○이라고 해"처럼 쓰면 돼요. "○○학교○학년 ○○이라고 해"처럼 쓰는 것보다 개성적인 글이 될 수 있습니다.
하고 싶은 말	하고 싶은 말에는 편지 받을 사람과 함께 나눌 수 있는 이야기들을 쓰면 됩니다. 호랑이에게 보낼 때에는 호랑이가 할머니에게 한 행동과 작은 동물과 물건들에게 당한 것의 내용을 짧게 요약하여 밝힌 후, 자신의 생각과 느낌 등을 쓰면 됩니다. '만약에 내가 할머니였다면', '만약에 내가 호랑이 너였다면', '내가 알밤이었다면' 등의 상상으로 글을 써도 재미있겠지요? 생각이나 상상을 글로 쓸 때에는 꼭 이유도 함께 밝히는 것 기억하구요.
끝인사	작별 인사를 하는 부분이에요. 편지의 마지막 부분으로 부탁이나 당부의 말을 할 수도 있습니다.
보내는 날짜	편지 쓴 날짜를 쓰면 됩니다.
보내는 사람	편지 쓴 사람이 누구인지 밝힙니다. '○○이가', '○○올림' 등으로 쓰면 됩니다.

호랑이에게

안녕? 하늘나라에서는 잘 지내고 있니? 혹시 하늘 나라에서도 힘 없는 사람을 괴롭히고 있지는 않니? 나는 호랑

이 네가 그런 일을 하면 안 된다는 충고를 하려고 이 편지를 쓰는 ○○이라고 해.

호랑이 너는 외롭고 힘이 약한 할머니를 잡아먹으려고 했어. 할머니가 팥죽 이야기를 하지 않았더라면 그 자리에서 할머니를 꿀꺽했겠지? 할머니는 꾀를 내어 너에게 당장 먹히지는 않게 되었지만 너 때문에 항상 걱정이 많았어. 생각해봐 자신이 곧 죽게 될 거란 것을 알고 있다면 행복할 수 있겠니? 만약에 내가 호랑이 너였다면, 약한 할머니를 괴롭히지 않고 지켜주겠어. 내가 아는 동화 속에 나오는 호랑이는 한 사람의 어머니가 죽을 때까지 동물을 잡아 주며 효도를 다했어. 그 어머니가 죽은 다음에는 슬픔에 빠져 자신도 죽고 말았지. 그런 착한 호랑이도 있는데, 넌 정말 지독하게 나쁜 짓을 했어. 그러니 알밤과 자라, 지게 등이 힘을 합쳐 널 없애버린거라구.

하늘나라에서는 약한 사람을 괴롭히지 마. 그러면 또 모두 힘을 합쳐 널 쫓아내 버릴지도 몰라. 그럼 얼마나 외롭고 속상하겠니? 사이좋게 지내면서 약한 사람을 도와줘. 힘 센 네가 남을 도와주는 착한 마음을 가진다면 모두가 널 아주 좋아하게 될거야. 그럼 친구도 많아질 거야.

그럼 내 말 명심하고 행복하게 잘 지내.

20○○년 ○○월 ○○일

○○이가

장애를 보는 아름다운 시선
내게는 소리를 듣지 못하는 여동생이 있습니다

미리 맛보기, 마음을 열어요   76~78쪽

1. *말을 또박또박 해야겠다.
*말소리가 이상해도 웃지 말고 잘 들어 줘야겠다.

2. 말썽꾸러기, 나를 화나게 함, 나를 귀찮게 함, 애교쟁이 등

3. 부끄러워 할 것이다. 같이 놀지 않을 것이다. 다른 사람한테 소개하기 창피할 것이다. 불쌍하다고 생각할 것이다. 등

4. 전화가 와도 받을 수 없다. 자동차 소리를 듣지 못해 위험하다. 선생님이 부르시는 소리를 듣지 못해 혼이 날 수도 있다. 친구가 부르는 소리를 듣지 못해 인사를 못한다. 등

차근차근 맛보기, 내용을 이해해요   79~81쪽

1. *내 동생은 피아노를 칠 줄 알지만, 소리를 듣지 못해서 노래를 부를 수 없다.
*나는 작은 소리를 듣지만, 동생은 작은 움직임을 볼 수 있다.
*엄마랑 낡은 구두 상자 속의 놀잇감을 갖고 놀면서 말하는 법을 배운다.

2. 목소리로 하는 것이 아니라 손가락이랑 입술로 말을 한다.

3. 주인공 : 주인공은 아주 작은 소리까지 듣는다.
동생 : 동생은 풀밭의 작은 움직임까지 본다.

4. 귀는 아프지 않지만 사람들이 이해해 주지 않을 때 동생의 마음이 아프다고 대답한다.

5. *발 구르는 것을 들을 수는 없지만 느낄 수 있기 때문이다.
*손 대는 것을 느낄 수 있기 때문이다.
*손 흔드는 것을 힐끗 볼 수도 있기 때문이다.

다양한 맛 즐기기, 넓고 깊게 생각해요

1. *동생하고 이야기하는 것에 익숙해지려고 많이 고생했을 것이다.
*사람들에게 동생은 소개할 때 속상한 적도 있었을 것이다.

2. *동생과 대화하기 위해 수화를 배운다.
*위험한 곳에 갈 때는 항상 같이 간다.
*다른 사람들이 동생을 잘 이해할 수 있도록 설명한다. 등

3. 우리 언니를 소개합니다. 우리 언니의 이름은 ○○○입니다. 11살이고 초등학교 4학년입니다. 우리 언니는 학급 회장을 하고 공부도 매우 잘합니다. 달리기도 매우 잘해서 학교 달리기 대표 선수입니다. 나는 언니가 참 자랑스럽습니다.

4. 글로 써서 보여준다. 휴대폰 문자를 이용한다. 메일이나 컴퓨터 화면을 이용한다. 수화를 한다. 손짓, 발짓을 이용한다. 등

5. *친구들의 말을 알아들을 수 없으니 너무 답답하다.
*아무 소리가 들리지 않으니 무섭기도 하다.
*입 모양과 손짓으로만 대화를 하는 것이 어렵고 불편하다.

함께 맛 나누기, 독서토론을 해요

1. 1) 앞장서서 도와준다
*장애인 친구들이 먼저 도움을 요청하기가 미안할 수도 있기 때문에 우리가 먼저 앞장서서 도와줘야 한다.
*보람을 느낄 수 있다.
*먼저 가서 도와주면 더 큰 위험이나 어려움이 생기지 않을 것이다.
2) 도움을 달라고 할 때 도와준다

*무엇을 도와야 주어야 할 지 몰라서 실수할 수도 있기 때문에 장애인 친구가 도와달라고 하는 것을 도와주는 것이 좋다.
*내가 먼저 도와주면 장애인 친구들이 싫어하고 속상할 수도 있다.
*장애인 친구들이 스스로 하지 않고 남에게 부탁하는 것이 습관이 될 수도 있다.

2. 1) 같이 공부하는 것이 좋다
*우리가 손쉽게 도와줄 수 있다.
*우리의 도움을 받으면 장애인 친구들도 빨리 일을 할 수 있다.
*함께 생활하면서 장애인 친구를 이해하고 쉽게 친해질 수 있다.
2) 장애인 친구들끼리 따로 공부해야 한다
*장애인 친구와 함께 공부하면 학급 전체가 일을 할 때 늦어지고 불편한 점이 있다.
*비슷한 친구들끼리 있으면 마음도 편하고 서로를 놀리는 일도 없을 것이다.
*장애인들을 위한 시설도 되어 있어서 생활하기에 더 편리할 것이다.

3. 1) 장애를 가진 사람들은 우리가 돌봐 주어야 할 불쌍한 사람들이다
*우리가 사는 곳은 장애를 가진 사람들이 살기 불편한 점이 많으니 우리가 돌보아 주어야 할 사람들이다.
*몸의 한 부분이라도 불편하면 정상적인 생활을 하기 힘들기 때문에 우리가 도움을 주어야 한다.
2) 장애를 가진 사람은 불쌍하지 않다. 보통 사람이 가질 수 없는 특별한 장점을 가진 사람들이다
*우리가 가질 수 없는 특별한 장점을 더 갖고 있다.
*몸이 불편한 것은 불쌍한 것이 아니다. 불편한 것을 빼면 일반인들보다 잘하는 것이 더 많기 때문에 불쌍하지 않다.

요리하는 재미, 글쓰기를 해요   87~89쪽

1. 1) **공통점**은 둘 다 장애를 가지고 있다는 것과 특별한 아이로 가족의 사랑을 받고 있다는 것이다.
차이점은 〈내게는 소리를 듣지 못하는 여동생이 있습니다〉의 여동생은 청각 장애를 갖고 있어 소리를 들을 수 없지만 느낄 수 있다는 것이다. 그리고 릴리는 다운증후군을 앓고 있어 사람들이 신기하게 바라보기도 하고, 엄마가 슬퍼하기도 한다. 하지만 꽃처럼 향기로운 아이이다.
2) *우리랑 모습이 달라서 놀림을 받는다.
*우리보다 약한 것 같기 때문이다. 우리보다 약하거나 부족한 사람은 놀림을 더 많이 받게 된다.
*혼자서 할 수 없는 일들이 많기 때문이다. 잘하지 못하는 것이 많아서 놀림을 받게 된다.
3) 청각장애인 친구에게 도움을 주는 방법
*친구가 말할 때 놀리지 않고 집중해서 듣는다.
*수화를 배운다.
*친구가 알아들을 수 있도록 또박또박 말한다.
다운증후군 친구에게 도움을 주는 방법
*이상하거나 신기한 눈빛으로 자꾸 쳐다보지 않는다.
*다른 친구가 놀리면 충고한다.
*친해지려고 노력한다.

2. 내 동생에게
안녕! 너와 더 많은 이야기를 할 수 없어서 이렇게 편지로 이야기를 할게.
네가 잘 들을 수 없어서 많이 슬프고 불편하지만, 나는 너를 많이 좋아해. 같이 피아노도 치고, 풀밭에 나가서 더 재미있게 놀고, 또 말하는 법도 나하고 더 많이 연습하자. 항상 너하고 함께 있어줄게.
너를 사랑하는 언니가

가까이 다가가본 몽골 문화
몽골의 게르와 선사 움막

미리 맛보기, 마음을 열어요   94~95쪽

1. 돌, 흙, 나무, 눈, 콘크리트 등

2. **마음에 드는 집** : 기와집
그 이유 : 나는 방이 많은 집에서 하인들을 거느리고 살고 싶기 때문이다.

3. 예 – 어머니 혹은 아버지, 필리핀 등
*우리와 똑같이 생각한다.
*좀 다르다고 생각하여 놀린다.
*좋은 아이라고 생각한다. 등

차근차근 맛보기, 내용을 이해해요   96~98쪽

1. 엄마가 몽골에서 왔다.

2. 선사유적지에 갔으며, 그곳에서 엄마는 몽골의 게르와 비슷한 움집을 가장 관심 있게 보았다.

3. 깨달음을 가진 한 남자가 일곱 명의 아들과 함께 서 있었다. 벽과 문, 천장, 천장 받침대, 펠트와 지붕, 끈을 만들 게르라고 불리는 둥글고 하얀 집을 짓고 있었다.

4. 1) 벽   2) 문   3) 천장
4) 천장 받침대   5) 펠트와 지붕

5. 서로 누군가가 끈을 묶을 것이라 생각하고 아무도 끈을 다시 묶을 생각을 하지 않았다.

6. 서로 책임을 미루고 말다툼을 하다가 뿔뿔이 흩어졌다.

7. 다시 게르를 완성했다. 게르의 한 조각만 가지고는 집을 완성할 수 없는 것처럼 형제들이 뿔뿔이 흩어져 살지 말고 서로 힘을 합쳐야만 잘 지낼 수 있다는 것을 깨

달았다.

다양한 맛 즐기기, 넓고 깊게 생각해요　99~100쪽

1. 불편한 점 : *친구들에게 놀림을 받는다.
*말이 잘 통하지 않는다. 등
좋은 점 : *외국어를 배울 수 있다.
*부모님의 고향이 외국이라 외국여행을 다녀올 수 있다.

2. *아프리카 – 불쌍한 사람들을 도와주고 싶다.
*스위스 – 아름다운 자연을 구경하고 싶다.

3. 비슷한 점 : *지붕 위가 뾰족하다.
*들어가는 문이 있다. 등
다른 점 : *게르는 천막, 움집은 짚으로 되어 있다.
*게르는 끈으로 단단히 묶는다.

함께 맛 나누기, 독서토론을 해요　101~103쪽

1. 1) 형제들의 태도를 이해할 수 있다
형제가 일곱 명이나 되기 때문에 나 아니어도 다른 사람이 할 것이라고 생각할 수 있다.
2) 형제들의 태도는 잘못되었다
어려운 일은 미루지 않고 내가 먼저 해야 한다. 남이 해줄 것이라 생각하고 미루는 태도는 올바르지 않다.

2. *큰 형이 묶어야 한다 – 큰 형은 아버지를 대신해서 동생들을 책임져야 하고 어려운 일을 해야 한다.
*막내 동생이 묶어야 한다 – 막내 동생이 제일 현명한 것 같고 집을 떠나지 않고 끝까지 형들을 기다렸기 때문이다.
*모두가 다 묶어야 한다 – 모두가 다 책임이 있다. 누구 한 사람이 해야 하는 것이 아니라 모든 형제들이 동시에 끈을 묶으면 서로 불만이 없다.

3. *내가 학교에서 만든 미술작품을 형이 부러뜨리고서 사과하지 않아 화가 났다.
*숙제를 해야 하는데 동생이 자꾸 귀찮게 해서 못했다. 그런데 오히려 엄마에게 꾸중을 듣게 되어 화가 많이 났다.

4. *동생이 좋아하는 딱지를 준다.
*용돈을 모아서 동생이 좋아하는 아이스크림을 사준다.
*형에게 게임 시간을 양보해서 한 번 더 하게 해준다. 등

5. 나라마다 사람들이 사는 방식, 날씨, 집의 재료 들이 다르기 때문이다.

6. *엄마가 살던 몽골이 생각나고 고향으로 가고 싶은 마음이 들 것이다.
*몽골의 모습과 비슷해서 반가울 것이다.

요리하는 재미, 글쓰기를 해요　104~107쪽

1. 1) 아버지는 아들 삼 형제에게 처음에는 나뭇가지를 하나씩 꺾어보도록 했으나, 다음에는 두 개, 세 개씩 꺾어보도록 하였다. 즉, 아버지는 아들 삼 형제가 앞으로 힘을 합쳐 잘 살기를 바라는 마음에서 이런 일을 경험하도록 한 것이다.
2) 아버지는 이제 죽지만 남은 자식들은 힘을 합쳐 잘 살아야 한다. 게르를 조이는 끈을 각각 갖고 있을 때보다 합쳐야만 집을 만들어 살 수 있는 것처럼 형제들도 힘을 합쳐야만 어려운 일을 잘 이겨낼 수 있다.
3) 부모님의 가장 큰 소원은 아들과 딸들이 서로 사랑하고 힘을 합쳐 잘 사는 것이다. 하나씩 있을 때는 약하지만 여럿이 모이면 큰 힘을 낼 수 있다. 그리고 나 하나만 생각하지 말고 서로 도우며 살아야 한다는 것을 알려주기 위해서 이런 이야기를 하였다.

2. 요리의 종류 : 고추장 소스 스테이크
만들고 싶은 이유 : 외국인들은 스테이크 고기를 좋아한

다. 보통 스테이크 소스를 발라먹는데 우리 엄마는 가끔 느끼하다며 고추장을 드실 때가 있다. 스테이크에 고추장 소스를 맵지 않게 적당히 발라주면 느끼하지 않는 맛있는 스테이크가 완성될 것 같다.

3. *놀리지 않는다.
*엄마가 외국인이라 우리 말을 잘 모를 경우 내가 알려주고 알림장을 쓰거나 준비물을 챙길 때 도와준다. 등

시골에서 만난 자연의 소중함
자연과 함께해요

미리 맛보기, 마음을 열어요　　　　112~114쪽

1. 넓은 들판, 산, 계곡, 농사, 옛날 집, 돼지, 소, 체험 학습, 풀, 차 멀미, 명절 등

2. 하나를 골라 그려보게 한 후, 인터넷이나 사진 자료를 이용하여 식물의 생김새를 확인해 본다.
〈예시〉　　강아지풀　　　　　　　　제비꽃

3. *감자 캐기를 해 보았는데 생각보다 많이 힘들었다. 등 하지만 한 광주리 캐고 나니 마음이 매우 뿌듯했다. 등
*농사일은 전혀 경험해 본 적이 없는데 이 책을 보고 고추 말뚝 박기를 해 보고 싶어졌다. 재미있을 것 같다. 등

차근차근 맛보기, 내용을 이해해요　　　115~117쪽

1. 고추를 다 딸 때까지 고춧대가 쓰러지지 않도록 말뚝을 드문드문 박고 비닐 끈으로 잡아매 주는 것이다.

2. *엉겅퀴　　　　　*벼　　　　　*뜸부기

3. 사람 사귀기를 두려워하고 잘 어울리지 못하는 영수가 시골에 와서 자연과 어울리면 나아질 것 같아서

4. 분교장 선생님이 족대 속에 든 물고기를 영수 얼굴 가까이에 대면서 물고기 이름을 물어 보았기 때문에

5. 옛날 : 누에가 먹고 자라는 나무로 비단을 짜는데 많이 사용되었다.
요즈음 : *오디
몸에 좋아 약재로 많이 쓰이고, 술을 담가 먹기도 한다.

6. 꽃술이 시든 것처럼 막 물기가 마른 것 – 꽃술에 물기가 있는 것은 아직 옥수수가 덜 여문 것이며, 꽃술이 말라비틀어진 것은 다 익어서 너무 말라 먹을 수가 없다.

다양한 맛 즐기기, 넓고 깊게 생각해요　　118~120쪽

1. *여름에 고기 잡으러 가는 것, 감자와 옥수수 캐는 것, 강아지 밥 주기 등 재미있는 일을 해 볼 수 있어서 좋다.
*멋진 산과 들, 신선한 공기, 신기한 풀 등을 볼 수 있어서 좋다.
*학원을 가지 않고 사촌들과 신나게 동네를 다니며 뛰어놀 수 있어서 좋다.

2. 농사는 자연 환경에 영향을 받는다. 비가 많이 와도 망치고 비가 너무 적게 와도 망치니 자신의 노력과 관계 없이 망치는 일이 많다. 특히 요즘 같이 폭우, 폭설, 이상 기온 현상이 많을 때 농사짓는 사람은 더욱 힘들 거란 생각이 든다.
농사를 망치게 되면 한 해 고생한 것이 헛수고로 돌아갈

뿐더러 물건을 팔 수도 없기 때문에 수입이 없어 더욱 어려움을 겪게 될 것이다.

3. *여름에 매일 물가로 데리고 가서 물놀이를 한다.
*함께 산과 들을 다니며 식물 이름을 알려줄 것 같다.
*춤도 춰 주고, 재미있는 이야기도 많이 들려 줄 것이다.
*밤에 함께 자며 맛있는 것도 먹고 도란도란 이야기를 나눌 것이다.
*같이 컴퓨터 게임을 하며 친해질 것 같다. 등

4. 아빠, 나쁜 병은 이겨 내셔야 해요. 절대 엄마와 우리 놔두고 기운 빠지시면 안 돼요. 저희도 아빠 낫게 하기 위해서 뭐든 할게요. 아빠 스트레스 받지 않으시도록 부모님 말씀 잘 들을게요. 꼭 이겨내셔서 건강해 주세요. 사랑해요.

5. *세상에 저렇게 별들이 많다니 우주의 신비가 놀랍다는 생각이 든다.
*마음에 드는 별을 골라 가보고 싶다는 생각이 든다.
*공기가 맑은 것과 그렇지 않은 것의 차이가 정말 크다는 생각이 든다.
*별들을 보면 마음이 맑아지고 내 머리고 별처럼 빛나는 것 같다.
*별자리를 찾아보고, 내 별과 가족별을 찾아보고 싶다.

함께 맛 나누기, 독서토론을 해요   121~122쪽

1. 도시에 살고 싶다 : 난 도시에 살고 싶다. 시골에서 가끔 쉬는 것은 좋지만 시골에서 사는 것은 답답할 것 같다. 우선 시골에서는 할 일이 별로 없다. 오락실이나 피씨방 같은 곳이 있으면 덜 심심하겠지만 그런 시설이 거의 없거나 너무 멀기 때문에 갈 수 없다. 또한 문방구나 마트 같은 곳도 멀어서 가기가 불편하다. 게다가 시골에는 벌레가 많아서 시골에 사는 것은 싫다.
시골에 살고 싶다 : 난 시골에 살고 싶다. 아토피로 인해

고생하고 있는 나는 시골에 있으면 상태가 많이 좋아진다. 맑은 공기와 깨끗한 물 때문이다. 그리고 시골에 가면 신기한 꽃들이랑 곤충, 강아지, 소 등을 자주 구경할 수 있다. 무엇보다 조용하고 바쁘지 않아서 좋다. 맑은 공기 속에서 나만의 시간을 가지면 기분이 좋아진다. 이런 이유로 난 시골에 살고 싶다.

2. 1) 대가족이 좋다
난 대가족이 좋다고 생각한다. 여럿이 함께 살면 학교나 학원에 다녀와도 외롭거나 심심하지 않을 것이다. 또한 많은 어른들께 사랑을 받고 자라기 때문에 더욱 행복할 것 같다. 그리고 할머니나 할아버지께 좋은 이야기도 많이 듣고 예의도 배우게 될 것이다. 할아버지와 할머니 또한 우리와 함께 있어 즐거워하실 것 같다.
2) 대가족은 좋지 않다
난 대가족으로 사는 것을 불편한 점이 더 많다고 생각한다. 우선 많은 사람이 한 집에 사니 화장실도 기다려야 할 수도 있고, 밥 먹을 때도 기다려야 할 사람이 많을 것이다. 텔레비전도 내가 보고 싶은 것을 보지 못할 때가 많을 것이다. 그리고 할아버지, 할머니를 모셔야 하기 때문에 우리 엄마가 힘들어 할 수도 있다. 음식 장만도 신경 써야 하고, 할머니께 꾸중을 듣는 일이 생길 수도 있다. 나 또한 여러 어른들과 함께 하다 보면 생각이 다 다른데 그 차이로 인해 감정이 상하거나 혼란스러울 수도 있을 것 같다.

요리하는 재미, 글쓰기를 해요   123~126쪽

1. 1번 : 이유 - 성공하면 부모님도 기뻐하시고, 하고 싶은 것도 하며 다른 사람들의 인정도 받으니까
내가 생각하는 행복 - 사람들에게 인정받고, 돈도 많이 벌면 행복할 것 같다.
2번 : 이유 - 걱정 없고 하고 싶은 것 하며 편안하게 사는 게 좋을 것 같아서
내가 생각하는 행복 - 사랑하는 사람들과 걱정 없이 편안하게 살 수 있으면 행복할 것 같다.

2. 어머니의 마음 : 자식 때문에 이사를 와서 아이들에게 부탁하는 엄마 마음이 아플 것 같다. 영수가 낫기를 간절히 바라는 엄마 마음이 느껴진다.

위로의 편지

영수 어머니, 안녕하세요? 저는 영수 친구 ○○○라고 합니다. 이제 날씨가 더워지네요. 시골 생활은 어떠신지 모르겠네요.

지난 번 영수 어머니의 말씀을 듣고 저도 마음이 아팠어요. 영수 때문에 걱정이 많으신 것 같았어요. 너무 걱정하지 마세요. 여기서 생활하면 영수가 분명 좋아질 거예요. 우리도 열심히 영수를 도울게요. 사실 저도 서울에서 전학을 왔답니다. 처음에는 어색하고 힘들었는데 생각보다 재미있는 일도 많고, 사람들도 다들 좋아서 금방 적응이 되더라구요. 지금은 영수가 말을 잘 하지 않지만 곧 말문을 트게 될거라고 생각해요.

건강 조심하시고 안녕히 계세요.

2011년 ○월 ○일

○○○올림

3. 꽃내 부모님는 아이들을 잘 교육하고 계신다

까닭 : 꽃내 부모님는 아이들 스스로 무언가를 계획하고 결정하고 실천하도록 이끌어 주시는 분이다. 농사일도 산 경험이고 나이에 맞는 좋은 공부이다. 또한 자신의 책임과 할 일을 정확히 알고 실천해 나가야 훌륭하게 자란다고 생각한다.

꽃내 부모님은 아이들을 잘못 교육하고 계신다

까닭 : 꽃내 부모님은 세상을 잘 모르고 계신 것 같다. 꽃내의 친구들이 대부분 도시에서 학원에 가고 열심히 공부하고 있는데 꽃내는 너무 놀고만 있다. 자연과 함께 하는 것도 공부지만, 적당히 하고 매일 일정시간 공부를 하도록 지도해야 한다.

꽃내 부모님께 보내는 시 :

〈열심히 해야 해요〉

놀고 싶기는 하지만
나가고 싶을 때도 있지만
지금은 너무 중요한 시간이래요.

지금 하는 숙제가
열심히 하는 공부가
내 꿈에 다가가게 해 준대요.

열심히 해야 해요.

〈자연과 함께 자라요〉

엄마와 함께 오이 따고
아빠와 함께 감자 캐며
자연과 공부해요

종일 자연과 대화하고
종일 자연과 놀닐다가
몸도 마음도 쑥쑥 자라요

해바라기만큼
아니 그보다 더
쑥쑥 자라요.

진화이야기 속에 담긴 생명의 신비

박테리아 할머니 물고기 할아버지

미리 맛보기, 마음을 열어요   130~132쪽

1. 동굴, 고기 잡기, 돌이나 나무로 동물 잡기, 동물 가죽 옷, 더러움, 미련함, 우가우가 등

2. 파충류 시대 – 공룡을 만나고 싶어서 등

3. 자존심이 상할 것 같다, 놀랍고 신기할 것 같다.

4. 곤충채집을 위해 사슴벌레를 잡아 본 적이 있었다. 사슴벌레를 잡기 위해 아빠와 시골을 돌아다니는 게 재미있었고, 잡은 후에는 사슴벌레의 생김새가 정말 신기하다고 생각했다.

차근차근 맛보기, 내용을 이해해요   133~135쪽

1. 원숭이처럼 네 발로 걷는 대신 두 발로 걸을 수 있다는 것이다.

2. 1) ○
2) × 뼈대가 거의 완전히 화석으로 발굴되었기 때문에 화석으로 발견한 인간 중에서 제대로 모습을 짐작할 수 있는 최초의 인간이라는 의미이다. 실제 최초의 인간은 아니다.
3) × 호모 에렉투스는 완전히 똑바로 선 사람이며, 인류 최초로 불을 사용하였다. 도구를 사용하기 시작한 것은 호모 하빌리스이다.
4) ○

3. 물고기의 몸 속에는 등뼈가 있기 때문이다.

4. 다리가 달리고 허파가 생겼다.

5. 지구가 점점 더 추워지는데 쥐는 몸에 따뜻한 털이 있었고 파충류와는 달리 항온동물이었다. 따라서 햇볕이 없어도 체온을 따뜻하게 유지할 수 있었다. 그래서 쥐들이 지구 곳곳으로 퍼져 나갔다.

6. 남아메리카 탐사를 떠나는데 함께 항해하면서 동물과 식물을 관찰하고 채집할 자연학자를 구하는 것

다양한 맛 즐기기, 넓고 깊게 생각해요   136~138쪽

1. 지구가 우주 한가운데 있지 않고 태양의 둘레를 도는 작은 행성에 지나지 않듯이, 생명의 역사에서도 인간이 주인공이 아니다. 우리가 쥐나 원숭이에서 변했다는 사실이 실망스러워도 그 사실은 변하지 않는다. 생명은 우리의 생각과 관계없이 신비하고 오묘하고 위대한 것이다. 따라서 그 과학적 사실 앞에서 우리는 겸손해질 수밖

에 없다.

2. 지구의 환경이 자꾸 변했기 때문이다. 그 변화에 생물이 적응해야 했기 때문에 모습이 자꾸 변한 것이다.

3. *밖에서 놀기를 정말 좋아했다. 특히 새를 잡고 물고기를 잡고, 사냥을 하며 동식물과 노는 것을 좋아했다.
*무엇이든 모으기를 정말 좋아했다. 이 취미 때문에 탐사 중에 수집한 희귀한 동식물들을 정리하여 유명한 자연학자가 될 수 있었다.
*정글을 좋아했다. 정글 이야기는 무엇이든 좋아했고, 정글에 숨어 사는 마법사를 상상했다.

4. 위대한 원시인에게 감사해야 한다 : 그들이 지혜롭게 잘 살아남아 주었기에 지금까지 인간이 이렇게 살아갈 수 있는 것이기 때문에 감사해야 한다고 생각한다.
원시인이 위대하다고 생각하지 않는다 : 원시인은 그냥 과거를 산 사람들이고 자신의 방식대로 살아갔다. 현재 살고 있는 사람들이 자신들을 모두 위대하다고 생각하지 않듯이 원시인도 그냥 과거를 산 사람일 뿐이다. 위대하다고 생각할 필요는 없는 것 같다.

5. *내가 키운 토피어리와 대화를 나누면 마치 토피어리가 살아서 내게 대답하는 것 같다. 힘들 때 토피어리와의 이야기가 힘이 된다.
*우리 집 강아지 피피는 늘 나의 친구이다. 기쁠 때나 슬플 때나 늘 피피와 함께 한다. 난 형제가 없는데 피피는 더욱 내게 중요한 존재이다.

함께 맛 나누기, 독서토론을 해요   139~140쪽

1. 1번 : 이유 - 주변 사람들과 내가 편안해야 무슨 일이든 잘 할 수 있을 것 같다. 굳이 어려운 일을 택해서 하고 싶지는 않다.
내가 생각하는 행복 - 많은 사람들이 나를 인정하고 돈을

많이 벌며 편안하게 살면 정말 행복할 것 같다.

2번 : 이유 – 진정 내가 하고 싶은 일이라면 어려움이 있어도 해야 행복할 것 같다.

내가 생각하는 행복 – 내가 정말 하고 싶은 일을 하며 만족하고 즐기며 살 수 있으면 정말 행복할 것 같다.

2. 1) 창조론이 옳다

아직까지도 처음 생명의 탄생을 설명하지 못하고 생명에 관한 한 많은 부분이 밝혀지지 않았다. 신이 만들지 않았다면 신비한 사람의 몸과 수많은 생물들이 도저히 존재할 수 없는 것 같다.

2) 진화론이 옳다

수많은 화석을 통해 과학적으로 추측하고 증명할 수 있는 진화론이 옳다. 박테리아로부터 진화되어 지금의 수많은 생명에 이르렀다는 진화에 대한 설명이 설득력이 있다.

요리하는 재미, 글쓰기를 해요   141~143쪽

1. 아침에 일어나 보니 굴 안에 사람들이 별로 없었다. 오늘 강 건너 산으로 사냥 간다더니 벌써 준비하러 나간 것이다. 나가보니 다들 돌을 가느라 정신이 없었다. 난 배가 고파 우선 개울가로 달려가 물을 마시고 어제 따온 사과 하나를 찾아 먹었다.

사냥 장소는 생각보다 멀었다. 요즘 집 근처 산에 짐승들이 많이 없다더니 정말 그런가보다. 드디어 누군가 사슴을 발견했다. 어른들은 준비한 돌과 막대기를 가지고 접근하고 난 좀 떨어져서 기다렸다. 그 때 내 뒤에서 토끼가 지나갔다. 난 이번 기회에 내 능력을 보이고 싶어 냅다 돌로 내려쳤다. 잡혔다! 뛸 듯이 기뻤다. 사슴을 잡아 오는 어른들이 춤을 추며 날 칭찬해 주셨다. 처음 혼자 사냥에 성공한 오늘을 못 잊을 것 같다.

2. 진화는 환경을 이기고 살아남도록 변화했다는 뜻이다. 예를 들어 코끼리가 있다고 하자. 그런데 오랫동안 비가

오지 않아 먹을 풀이 없어지게 되었다. 이런 상황이 계속되면서 코끼리의 자손들이 풀 대신 다른 것을 먹을 수 있도록 서서히 생김새가 변해갔다. 풀만 먹는 코끼리는 죽을 것이고, 다른 것을 먹을 수 있도록 돌연변이가 된 코끼리는 계속 살아남아 환경에 적응해 나갈 것이다. 그러면 더 이상 그 동물은 코끼리가 아닌 다른 동물인 것이다. 이러한 식으로 몇 안 되면 생물이 다양하게 변화해 지구상에 생물이 늘어났다.

즉, 현재 살고 있는 모든 생물들은 36억년 동안 진화하여 살아남은 생물들인 것이다.

3. 정말 상상하지도 못할 일을 벌이셨네요. 자신의 생명이 소중한 만큼 다른 생명의 소중함도 아셔야지요. 당신은 어떤 생물도 괴롭힐 자격이 없습니다. 모두 같은 생명으로서 존중하셔야지요. 당신의 눈 앞에 있는 그 고양이가 얼마나 위대하게 살아남은 생명임을 아십니까? 수천만 년 전부터 수많은 고난 속에서 살아남은 위대한 생명들이란 말입니다. 정신 차리시고 앞으로는 그런 짓 하지 않으셨으면 좋겠네요.

화가의 삶에서 배우는 꿈과 희망
나, 화가가 되고 싶어!

미리 맛보기, 마음을 열어요   148~149쪽

1. *가족을 위한 희생
*우리들 걱정
*뒷바라지
*잔소리
*맛있는 밥
*일일 드라마 등 자유롭게 쓰도록 한다.

2. 가족을 위해 하시는 일 : 설거지하기, 청소하기, 빨래

하기, 우리 숙제 봐 주기, 책 읽어주기, 직장생활하기(아이 생각에 따라 이것이 가족을 위한 것일 수도, 자신을 위한 것일 수도 있다.) 등
자기 자신을 위해 하시는 일 : 비누공예하기, 직장생활하기, 드라마 보기, 모임 나가기 등
*가족   *자기 자신

3. *작가 – 글을 쓰는 것이 너무 재미있어서
*컴퓨터 프로그래머 – 우선 내 자신이 컴퓨터 다루는 것을 너무 좋아하고, 유익한 컴퓨터 프로그램을 많이 개발하여 사람들이 내 프로그램을 통해 편리함과 기쁨을 얻을 수 있게 하고 싶어서
*의상 디자이너 – 멋진 옷을 만들어 많은 사람들이 자신의 모습에 자신감과 행복을 갖게 하고 싶다. 등

차근차근 맛보기, 내용을 이해해요   150~151쪽

1. 학교 가는 길에 목화송이를 오랫동안 들여다보았기 때문에 지각을 자주 하였다. 이를 통해 주인공은 느긋하고 여유로우며 관찰력과 집중력, 호기심이 뛰어나고 끈기가 있다는 것을 엿볼 수 있다.

2. 아버지가 돌아가셔서 형편이 어려워졌다. 그리고 고생하는 엄마와 대학에 가야하는 남동생을 위해 회사를 다니며 뒷바라지를 해야 했기 때문에 화가의 꿈을 이룰 수 없었다.

3. 밥 하고 청소하고 빨래하고 아기 돌보기

4. 주인공은 자신의 꿈을 잃은 채 가족들을 위해 집안 일만 하며 사는 것이 행복하지 않았다. 자신의 아이들은 꿈을 찾아 커 가는데, 자기 자신은 꿈과 멀어지니 점점 작아진다고 느꼈다. 그래서 이대로 원하지 않는 일만 하면 자신이 사라질 것처럼 느낀 것이다.

5. 오랜 세월 불평 없이 자식을 위해, 식구를 위해 일하며 산 엄마

6. 그림을 그릴 때 – *자신의 마음이 오랫동안 하고 싶었던 일이었기 때문이다.
*꿈을 잃고 점점 작아지는 자신을 커 갈 수 있게 만들어 주었기 때문이다.

다양한 맛 즐기기, 넓고 깊게 생각해요   152~153쪽

1. 우리나라는 조선 시대부터 유교를 받들어왔다. 유교는 인간의 도리를 가르치는 학문으로 중국으로부터 전해졌다. 이 유교가 조선 시대에 널리 퍼지면서 여성은 남성을 따르는 삶을 살아야 하는 천한 존재로 여겨지게 되었다. 당연히 족보에 이름이 오르는 일이 없으며 호적에도 성씨만 올렸으니 이름이 쓰일 일도 없었다. 여성이 결혼해도 아들을 낳아야 하는 것이 당연한 의무인 것처럼 여겨졌다.
이와 같은 생각이 오랜 시간 이어지다보니 조선 시대가 지나도 많은 이들이 자식을 낳을 때 아들을 선호하게 되었다. 또한 우리나라에서는 유교의 영향으로 지금까지도 조상을 모시는 제사를 지내게 되는데 이 또한 큰 아들이 지내게 되므로 조상을 모시려면 아들이 있어야 한다는 생각도 남아있다.

2. *하루 종일 축구(피구)하기
*친구들과 운동장(놀이터)에서 놀기
*친구 집에 놀러가기
*컴퓨터 게임하기
*텔레비전 보기 등 여러 가지를 자유롭게 적어보게 한다.

3. 아버지가 돌아가셔서 마음도 힘들 텐데 거기에 꿈을 접으며 가족 뒷바라지까지 하게 해서 미안. 하지만 너무 실망하지 마. 언니는 능력이 있으니까 분명 기회가 있을 거야. 잠시 쉬어 가는 거라고 생각해. 절대 꿈을 잃지

196

말고 포기하지도 마. 힘내!

4.

일어난 일	어떤 마음일까요?
부모님이 셋째 딸인 내 다음 동생이 아들이길 간절히 바랄 때	서운하다, 이상하게 생각된다, 미안하다, 나 또한 아들이 태어나길 바란다.
화가가 되고 싶은 꿈이 생겼을 때	너무 기쁘다. 열심히 하고자 하는 의지가 생긴다.
아버지가 돌아가셨을 때	절망적이다, 슬프다.
늦은 나이에 그림을 그리기 시작할 때	두렵다, 활기가 넘치고 기쁘다, 즐겁다.
자신의 작품이 많은 사람의 사랑을 받을 때	자랑스럽다, 더욱 열심히 하고 싶다, 행복하다.

함께 맛 나누기, 독서토론을 해요   154~157쪽

1. 긍정적으로 생각한다 : 어머니도 한 사람으로서 원하는 꿈을 이루기 위해 노력하는 것은 당연한 것이라고 생각한다. 가사일이나 육아 등은 가족끼리 서로 분담할 수 있다. 어머니 자신의 행복이 가장 우선이다.

부정적으로 생각한다 : 어머니가 꿈을 위해 노력하는 것은 좋지만, 가정을 소홀히 하는 것은 문제가 있다. 가정에서 어머니의 역할은 온 가족에게 평안하고 행복을 줄 수 있는 아주 중요한 것이다. 그 안에서 어머니 행복도 찾을 수 있을 것이다.

2. 열심히 한다 : 난 내게 주어진 일이면 뭐든 열심히 한다. 특히 책 읽기나 노래는 내가 좋아하는 일이기 때문에 더욱 열심히 한다. 작가님의 말씀을 읽고 앞으로 더욱 온 마음을 다해 내가 하고 싶은 것을 하리라 다짐한다.

열심히 하고 있지 못하다 : 내가 하고 싶은 일을 하기보다 해야 할 일을 억지로 하는 경우가 많다. 그러다 보면 열심히 하지 않고 대충 하루를 그냥 보낸다. 이제부터 나도 온 마음을 다해 열심히 하고 싶은 일을 찾아 해 보아야겠다.

3. 1) 아직 평등하지 않다고 생각한다

'남자는 이래야 해.', '여자는 이래야 해.' 라는 생각으로 우리를 대하는 사람이 많이 있다. 여자가 무슨 행동을 하면 여자답지 못하다고 말하며 혼내기도 한다.

또 주변에 많은 여성들이 직장생활을 하다가 일을 그만두기도 한다. 아이는 엄마가 키워야만 한다고 생각하고, 주변에 아이를 봐 줄 사람이 없기 때문이다. 그러므로 자신의 꿈은 접을 수 밖에 없다.

우리 집에서도 아직 남녀가 평등한 것 같지는 않다. 아빠는 매일 집에서 텔레비전만 보시는데 엄마는 집안일을 하느라고 항상 바쁘시다.

남녀가 평등해지기 위해서 많은 사람들이 서로 배려하고 노력해야 할 것 같다.

2) 평등하다고 생각한다

우선 집, 학교나 학원 등에서 내가 여자이기 때문에 차별을 받았다는 생각을 한 적이 없었다. 또 뉴스를 보면 군인, 미용사 등 남녀가 나뉘어져 있던 직업들도 남녀 구별이 없어져 가고 있다. 그리고 주차장이나 각종 시설에서 여자나 아이 엄마를 위한 시설이 많아져 여자이기 때문에 힘든 일을 많이 배려해 준다고 생각한다. 우리 집에서도 엄마와 아빠가 집안일을 비슷하게 하신다.

사람들의 생각이 많이 바뀌어 점점 더 좋아진 것이라고 생각한다.

4. 1) 자신의 꿈을 접고 가족을 위해 희생하는 어머니의 모습이 아름답다

가족에 대한 무조건적인 사랑은 어머니의 본능이다. 가족을 위하여 무언가 했을 때 행복하고 더욱 힘이 나기 때문에 그런 희생을 할 수 있는 것이다. 가족을 위해 행복하게 자신의 노력을 다하는 어머니의 삶은 아름다운 별처럼 보인다.

2) 자신보다는 가족을 위해 희생하는 어머니의 모습은 바람직하지 않다

인생의 주인공은 자기 자신이다. 내가 행복하고 여유를 가질 때 주변 사람에게도 편안함과 도움을 줄 수 있다. 내가 힘들어하며 주변 사람들을 위해서 희생하면 그 주변 사람들 또한 불편함을 느낄 것이다.

따라서 내 행복과 내 자신을 찾으며 사는 것이 결국 가족을 위하는 길이라고 생각한다.

요리하는 재미, 글쓰기를 해요 158~160쪽

1. 김연아의 삶 : 자신의 꿈을 이룸으로써 많은 이들에게 아름다움과 감동을 준 점이 훌륭하다. 다른 사람을 위한 희생도 훌륭하지만, 고난을 이겨내고 한 분야에 열심히 노력하여 많은 이들에게 꿈과 희망을 선물해 주는 것이 정말 멋진 삶인 것 같다.
슈바이처의 삶 : 보통 사람들이 감히 따라할 수조차 없는 훌륭한 삶이다. 사람이라면 누구나 자기 자신을 위한 길을 택하고 싶을텐데 슈바이처는 그 모든 걸 버렸다. 어렵고 소외된 사람들 위해 평생을 바친 정말 아름다운 삶인 것 같다. 그래서 오래토록 사람들의 마음에 남은 것이라고 생각한다.
나의 삶 : 예시 답 생략

2. 너무 바쁜 어머니께 : 너무나 바빠 팔이 10개라도 부족해 보입니다. 제가 들어가서 도와드리고 싶어요. 어머니의 마음을 이해하고 헤아리지 못해 죄송합니다.
뾰족한 쇼파에게 : 소파야! 그 뾰족한 가시는 빠져주지 않을래? 우리 엄마가 앉을 곳인데 너무 아프시잖아. 힘드신 엄마가 너와 함께 쉬시면 안되겠니?
버려진 개에게 : 불쌍한 개야! 멋지게 만든 네 조각을 보며 네 힘들었던 과거는 잊어줄래?
이젠 할머니 집에서 편하게 위로받으렴.

쉽고 재미있는 수학
수학아 수학아 나 좀 도와줘

미리 맛보기, 마음을 열어요 164~165쪽

◇ 예 – 쿠키 200원＋젤리 1,000원＋우유 800원＋크림빵 500원＋껌 500원 = 3,000원

1. 물건 살 때, 시계를 볼 때, 개수를 셀 때, 똑같이 나눌 때, 시험 점수를 매길 때, 전화를 걸 때 등

2. *물건의 가치를 정할 수 없어서 물건의 값을 정할 수 없다.
*나이를 셀 수 없어서 몇 살인지 알 수 없다.
*날짜를 셀 수 없어서 세월이 흐르는 것을 알 수 없다.

3. 각자 자유롭게 재미있는 모양을 그려본다.

차근차근 맛보기, 내용을 이해해요 166~167쪽

1. 세려고 하는 것과 돌을 하나씩 대응시켜 가면서 세었다. (예 : 양 한 마리, 돌 하나)

2. 삼각형 (3), 사각형 (4), 원 (0)

3. 한쪽으로 쭈욱 가지 않고, 여기저기 왔다갔다 할 것이다.

4. 엄마에게 준비물을 산다고 거짓말로 돈을 타서 사 주었다.

5. 해가 뜨고 지고, 계절이 바뀌고 하는 것을 관찰하여 시간을 알았다.

6. 곱셈

다양한 맛 즐기기, 넓고 깊게 생각해요 168~169쪽

1. 1) 긴 신발 ⋯ ②, ⑧, ⑨, ⑬

2) 운동할 때 신는 신발 ⋯ ③, ⑥, ⑫, ⑮
3) 검정색 신발 ⋯ ⑤, ⑨, ⑪, ⑬

2. 찌개 박수 ⋯ 지글지글 짝짝 보글보글 짝짝 지글 짝
보글 짝
껌 박수 ⋯ 오물오물 짝짝 조물조물 짝짝 오물 짝 조물 짝
눈 깜빡깜빡 짝짝 코 벌렁벌렁 짝짝
입 쩝쩝쩝쩝 짝짝 눈코입 깜빡벌렁쩝쩝 짝짝 등 나만의
박수를 만들어 본다.

3.

	+	−	×
내가 만든 새 기호	♡	□	◉

4. 연산식 : 7 − 3 = 7 □ 3
문제 : 구슬이 7개 있었는데, 3개를 동생에게 주었다.

함께 맛 나누기, 독서토론을 해요   170~171쪽

1. 1) 거짓말을 해서라도 준수 형의 구슬을 사다준다
*다른 사람의 물건을 없앴기 때문에 사다줘야 한다.
*엄마에게 이야기를 하면, 야단을 맞을 것이기 때문이다.
*사실대로 말하면 엄마가 사주지 않을 것이기 때문이다.
2) 엄마에게 야단을 맞더라도 솔직하게 이야기한다
*거짓말은 나쁘기 때문이다.
*거짓말을 하는 것보다 솔직하게 이야기를 하면 덜 야단
을 맞을 것이다.
*한번 잘못한 것으로 끝날 수 있기 때문이다.

2. 1) 수학은 재미있다
첫째, 수학은 일을 쉽게 할 수 있게 해서 재미있다. 책을
보면 정확하게 양을 똑같이 나누는 방법, 큰 달과 작은
달을 자신의 주먹을 보고 알아내는 방법, 쉽게 완벽한 도
형을 만드는 방법들이 나와 있다. 또 도형은 생각대로 잘
그려지지 않았는데, 이 책을 통해 수학의 원리를 알고 나

니 이런 것들이 모두 빠르고 쉽게 해결이 되어 수학이 재
미있어졌다.
둘째, 수학은 문제를 풀 때 정확한 답이 있어서 문제를 맞
추는 재미가 있다. '어떻게 생각하냐' 또는 '상상해봐라'
는 등의 문제는 내가 답을 맞추었는지 확인할 수 없어 답
답했는데, 수학문제는 어떤 경우에도 답이 똑같기 때문에
정답을 바로 알 수 있고, 점수를 통해 내 실력을 확인할
수 있어서 노력할수록 문제를 맞추는 재미가 생긴다.
2) 수학은 재미없다
첫째, 수학은 복잡하고 어려워서 재미없다. 책에 보면 큰
달과 작은 달을 주먹을 가지고 계산하는 내용이 나오는
데, 무척 어렵다. 달을 셀 때 왼손부터 세어야 하는지, 오
른 손부터 세어야 하는지 항상 헷갈리고, 새끼손가락 쪽
부터 세는지 검지손가락 쪽부터 세는지도 매번 고민되어
짜증이 난다. 나누기도 어렵다. 나누는 순서가 너무 복잡
하다. 또 종이 띠를 이용해 동그라미를 그리는 것을 해
보았는데, 말하는 것처럼 쉽지 않고 어렵다. 자꾸 중심이
달라지거나 동그라미가 끊겨서 잘 안 그려진다. 그냥 주
전자 뚜껑이나 컵으로 동그라미를 그리는 것이 나을 것
같다. 너무 복잡하고 어려워서 수학이 재미없다.
둘째, 수학은 문제를 풀 때 비슷한 숫자를 가지고 반복적
으로 계산해야 해서 지루하고 재미없다. '7+6=',
'6+7=', 7−6=' 계산 문제가 계속 나와서 지겹고 재미없
다. 그런 문제를 반복해서 풀고 있는 내가 바보가 된 것
같다. 미국에서는 계산을 계산기가 다 한다고 한다. 시험
볼 때도 계산기로 계산을 한다는데 왜 똑같은 문제를 계
속해서 푸는 재미없는 일을 해야하는지 모르겠다.

요리하는 재미, 글쓰기를 해요   172~175쪽

1. 1) *벌집 그림 생략
*벌집은 한 개씩 보면 육각형이다. 육각형이 여러 개 붙
어서 벌집이 만들어진다.
2) 같은 크기의 공간을 만드는 데 가장 적은 재료를 사용
하고, 상대적으로 가장 많은 꿀을 넣을 수 있으며, 더 튼튼

한 벌집을 만들 수 있는 도형은 정육각형이기 때문이다.

3) 박스나 골판지 속, 제트기나 인공위성이나 인공위성의 벽 등

4) 벌의 수학적 능력을 칭찬하는 글을 쓰도록 한다.

예시)

수 학 왕

이름 : 왕꿀벌

위 꿀벌은 집을 만들 때 가장 튼튼한 도형 육각형 집을 지었습니다. 그래서 집이 아주 튼튼하여 비가 오고 바람이 불어도 끄떡없고, 많은 양의 꿀을 저장할 수도 있습니다. 이처럼 위 꿀벌은 수학을 잘 하고, 그것을 생활에 잘 이용하였기에 수학왕으로 인증합니다.

인증일 : 20○○년 ○월 ○일

인증기관 : 전국독서새물결

2. 두울 – 두근두근 가슴이 뛴다고 벌벌벌

다섯 – 다슬기가 물살에 휩쓸려 슬슬슬

여섯 – 여기저기 꽃들이 피느라 짝짝짝

아홉 – 아이들이 노래를 한다고 랄랄랄

여얼 – 열이구나 이제는 다했네 신난다.

맛있는 후식, 알차게 마무리해요 176~177쪽